# 구원

## 救援
## The Salvation
## 로마서

# 주기도문

하늘에 계신 우리 아버지여
이름이 거룩히 여김을 받으시오며 나라가 임하시오며
뜻이 하늘에서 이루어진 것 같이
땅에서도 이루어지이다
오늘 우리에게 일용할 양식을 주시옵고
우리가 우리에게 죄 지은 자를 사하여 준 것 같이
우리 죄를 사하여 주시옵고
우리를 시험에 들게 하지 마시옵고
다만 악에서 구하시옵소서
나라와 권세와 영광이 아버지께 영원히 있사옵나이다. 아멘

# The Lord's Prayer

Our Father in heaven, help us to honor your name.
Come and set up your kingdom,
so that everyone on earth will obey you, as you are obeyed in heaven.
Give us our food for today.
Forgive us for doing wrong, as we forgive others.
Keep us from being tempted and protect us from evil.
The kingdom, the power, and the glory are yours forever. Amen.

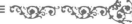

zhǔ dǎo wén

# 主祷文

wǒ men zài tiān shàng de fù yuàn rén dōu zūn nǐ de míng wéi shèng
我们在天上的父，愿人都尊你的名为圣。

yuàn nǐ de guó jiàng lín
愿你的国降临。

yuàn nǐ de zhǐ yì xíng zài dì shàng rú tóng xíng zài tiān shàng
愿你的旨意行在地上，如同行在天上。

wǒ men rì yòng de yǐn shí jīn rì cì gěi wǒ men
我们日用的饮食，今日赐给我们。

miǎn wǒ men de zhài rú tóng wǒ men miǎn le rén de zhài
免我们的债，如同我们免了人的债。

bú jiào wǒ men yù jiàn shì tan
不叫我们遇见试探。

jiù wǒ men tuō lí xiōng è
救我们脱离凶恶。

yīn wèi guó dù quánbǐng róng yào quán shì nǐ de
因为国度、权柄、荣耀，全是你的，

zhí dào yǒngyuǎn ā men
直到永远。阿们!

# 主(しゅ)の祈(いの)り

天(てん)におられるわたしたちの父(ちち)よ、

御名(みな)が崇(あが)められますように。

御国(みくに)が来(き)ますように。御心(みこころ)が行(おこな)われますように、

天(てん)におけるように地(ち)の上(うえ)にも。

わたしたちに必要(ひつよう)な糧(かて)を今日(こんにち)与(あた)えてください。

わたしたちの負(お)い目(め)を赦(ゆる)してください、

わたしたちも自分(じぶん)に負(お)い目(め)のある人(ひと)を赦(ゆる)しましたように。

わたしたちを誘惑(ゆうわく)に遭(あ)わせず、悪(わる)い者(もの)から救(すく)ってください。

# 제 1 장

## 인사

1 예수 그리스도의 종 바울은 사도로
부르심을 받아 하나님의 복음을 위하여
택정함을 입었으니

2 이 복음은 하나님이 선지자들을 통하여
그의 아들에 관하여 성경에 미리 약속하신
것이라

3 그의 아들에 관하여 말하면 육신으로는
다윗의 [1]혈통에서 나셨고

4 성결의 영으로는 [2]죽은 자들 가운데서
부활하사 능력으로 하나님의 아들로
선포되셨으니 곧 우리 주 예수
그리스도시니라

5 그로 말미암아 우리가 은혜와 사도의
직분을 받아 그의 이름을 위하여 모든
이방인 중에서 믿어 순종하게 하나니

6 너희도 그들 중에서 예수 그리스도의
것으로 부르심을 받은 자니라

7 로마에서 하나님의 사랑하심을 받고
성도로 부르심을 받은 모든 자에게 하나님
우리 아버지와 주 예수 그리스도로부터
은혜와 평강이 있기를 원하노라

## 바울의 로마 방문 계획

8 먼저 내가 예수 그리스도로 말미암아 너희
모든 사람에 관하여 내 하나님께 감사함은
너희 믿음이 온 세상에 전파됨이로다

# 第 1 章

## 挨拶

1 キリスト・イエスの僕、神の福音のため
に選び出され、召されて使徒となったパ
ウロから、――
2 この福音は、神が既に聖書の中で預言者
を通して約束されたもので、
3 御子に関するものです。御子は、肉によ
ればダビデの子孫から生まれ、
4 聖なる霊によれば、死者の中からの復活
によって力ある神の子と定められたので
す。この方が、わたしたちの主イエス・
キリストです。
5 わたしたちはこの方により、その御名を
広めてすべての異邦人を信仰による従順
へと導くために、恵みを受けて使徒とさ
れました。
6 この異邦人の中に、イエス・キリストの
ものとなるように召されたあなたがたも
いるのです。――
7 神に愛され、召されて聖なる者となった
ローマの人たち一同へ。わたしたちの父
である神と主イエス・キリストからの恵
みと平和が、あなたがたにあるように。

## ローマ訪問の願い

8 まず初めに、イエス・キリストを通し
て、あなたがた一同についてわたしの神
に感謝します。あなたがたの信仰が全世
界に言い伝えられているからです。

1) 헬, 씨
2) 헬, 죽은 자의 부활로

# Chapter 1

1 From Paul, a servant of Christ Jesus.
God chose me to be an apostle, and he
appointed me to preach the good news

2 that he promised long ago by what
his prophets said in the holy
Scriptures.

3~4 This good news is about his Son,
our Lord Jesus Christ! As a human,
he was from the family of David.
But the Holy Spirit [a] proved that
Jesus is the powerful Son of God,
[b] because he was raised from death.

5 Jesus was kind to me and chose me
to be an apostle, [c] so that people of
all nations would obey and have faith.

6 You are some of those people chosen
by Jesus Christ.

7 This letter is to all of you in Rome.
God loves you and has chosen you
to be his very own people.
I pray that God our Father and
our Lord Jesus Christ will be kind
to you and will bless you with peace!

### A Prayer of Thanks

8 First, I thank God in the name of
Jesus Christ for all of you. I do
this because people everywhere in
the world are talking about your faith.

dì yī zhāng

# 第 1 章

wènhòu yǔ zhùyuàn

### 问候与祝愿

jī dū yē sū de pú rén bǎo luó méngzhào wéi shǐ tú
1 基督耶稣的仆人保罗，蒙召为使徒，
fèng pài chuánshàng dì de fú yīn
奉派传上帝的福音。

zhè fú yīn shì shàng dì cóngqián jiè zhòngxiān zhī zài shèng
2 这福音是上帝从前借众先知，在圣
jīngshàng suǒ yīng xǔ de
经上所应许的。

lùn dào tā ér zi wǒ zhǔ yē sū jī dū àn ròu tǐ
3~4 论到他儿子一我主耶稣基督，按肉体
shuō shì cóng dà wèi hòu yì shēng de àn shénshèng de líng
说，是从大卫后裔生的；按神圣的灵
shuō yīn cóng sǐ rén zhōng fù huó yòng dà néngxiǎnmíng tā
说，因从死人中复活，用大能显明他
shì shàng dì de ér zi
是上帝的儿子。

wǒ mencóng tā méng ēn shòu le shǐ tú de zhí fēn wèi tā
5 我们从他蒙恩受了使徒的职分，为他
de míng zài wànguózhōng shǐ rén yīn xìn ér shùn fú
的名在万国中使人因信而顺服，

qí zhōng yě yǒu nǐ menzhè méngzhào shǔ yē sū jī dū de
6 其中也有你们这蒙召属耶稣基督的
rén
人。

wǒ xiě xìn gěi nǐ men zài luó mǎ wéishàng dì suǒ ài
7 我写信给你们在罗马、为上帝所爱、
méngzhào zuò shèng tú de zhòng rén yuàn ēn huì píng ān
蒙召作圣徒的众人。愿恩惠、平安
cóng wǒ men de fù shàng dì hé zhǔ yē sū jī dū guī gěi nǐ
从我们的父上帝和主耶稣基督归给你
men
们！

bǎo luó yǒu yì fǎngwèn luó mǎ

### 保罗有意访问罗马

shǒuxiān wǒ kào zhe yē sū jī dū wèi nǐ menzhòng rén
8 首先，我靠着耶稣基督，为你们众人
gǎn xiè wǒ de shàng dì yīn nǐ men de xìn dé chuánbiàn le
感谢我的上帝，因你们的信德传遍了
tiān xià
天下。

a) the Holy Spirit: Or "his own spirit of holiness."
b) proved that Jesus is the powerful Son of God: Or "proved in a powerful way that Jesus is the Son of God."
c) Jesus was kind to me and chose me to be an apostle: Or "Jesus was kind to us and chose us to be his apostles."

9 내가 그의 아들의 복음 안에서 내 심령으로
섬기는 하나님이 나의 증인이 되시거니와
항상 내 기도에 쉬지 않고 너희를 말하며

10 어떻게 하든지 이제 하나님의 뜻 안에서
너희에게로 나아갈 좋은 길 얻기를
구하노라

11 내가 너희 보기를 간절히 원하는 것은 어떤
신령한 은사를 너희에게 나누어 주어
너희를 견고하게 하려 함이니

12 이는 곧 내가 너희 가운데서 너희와 나의
믿음으로 말미암아 피차 안위함을 얻으려
함이라

13 형제들아 내가 여러 번 너희에게
가고자 한 것을 너희가 모르기를 원하지
아니하노니 이는 너희 중에서도 다른
이방인 중에서와 같이 열매를 맺게 하려
함이로되 지금까지 길이 막혔도다

14 헬라인이나 [3]야만인이나 지혜 있는 자나
어리석은 자에게 다 내가 빚진 자라

15 그러므로 나는 할 수 있는 대로 로마에 있는
너희에게도 복음 전하기를 원하노라

16 내가 복음을 부끄러워하지 아니하노니
이 복음은 모든 믿는 자에게 구원을
주시는 하나님의 능력이 됨이라 먼저는
유대인에게요 그리고 헬라인에게로다

9 わたしは、御子の福音を宣べ伝えながら
心から神に仕えています。その神が証し
してくださることですが、わたしは、祈
るときにはいつもあなたがたのことを思
い起こし、
10 何とかしていつかは神の御心によってあ
なたがたのところへ行ける機会があるよ
うに、願っています。
11 あなたがたにぜひ会いたいのは、“霊”の賜
物をいくらかでも分け与えて、力になり
たいからです。
12 あなたがたのところで、あなたがたとわ
たしが互いに持っている信仰によって、
励まし合いたいのです。
13 兄弟たち、ぜひ知ってもらいたい。ほか
の異邦人のところと同じく、あなたがた
のところでも何か実りを得たいと望ん
で、何回もそちらに行こうと企てなが
ら、今日まで妨げられているのです。
14 わたしは、ギリシア人にも未開の人に
も、知恵のある人にもない人にも、果た
すべき責任があります。
15 それで、ローマにいるあなたがたにも、
ぜひ福音を告げ知らせたいのです。

### 福音の力

16 わたしは福音を恥としない。福音は、ユ
ダヤ人をはじめ、ギリシア人にも、信じ
る者すべてに救いをもたらす神の力だか
らです。

3) 헬라어를 사용하지 않는 사람 ㄱ) 합 2:4

9 God has seen how I never stop praying for you, while I serve him with all my heart and tell the good news about his Son.

10 In all my prayers, I ask God to make it possible for me to visit you.

11 I want to see you and share with you the same blessings that God's Spirit has given me. Then you will grow stronger in your faith.

12 What I am saying is that we can encourage each other by the faith that is ours.

13 My friends, I want you to know that I have often planned to come for a visit. But something has always kept me from doing it. I want to win followers to Christ in Rome, as I have done in many other places.

14–15 It doesn't matter if people are civilized and educated, or if they are uncivilized and uneducated. I must tell the good news to everyone. That's why I am eager to visit all of you in Rome.

### The Power of the Good News

16 I am proud of the good news! It is God's powerful way of saving all people who have faith, whether they are Jews or Gentiles.

wǒ zài tā ér zi de fú yīn shàng yòng xīn líng suǒ shì fèng
9 我在他儿子的福音上，用心灵所事奉
de shàng dì ké yǐ jiàn zhèng wǒ zěn yàng bú zhù de tí dào
的上帝可以见证，我怎样不住地提到
nǐ men
你们，

zài wǒ de dǎo gào zhōng cháng cháng kěn qiú huò xǔ zhào shàng
10 在我的祷告中常常恳求，或许照上
dì de zhǐ yì zuì zhōng wǒ néng háo wú zǔ ài de wǎng nǐ
帝的旨意，最终我能毫无阻碍地往你
men nà lǐ qù
们那里去。

yīn wèi wǒ pò qiè dì xiǎng jiàn nǐ men yào bǎ yì xiē shǔ
11 因为我迫切地想见你们，要把一些属
líng de ēn cì fēn gěi nǐ men shǐ nǐ men dé yǐ jiān gù
灵的恩赐分给你们，使你们得以坚固，

yě ké yǐ shuō wǒ zài nǐ men zhōng jiān yīn nǐ wǒ bǐ
12 也可以说，我在你们中间，因你我彼
cǐ de xìn xīn ér tóng dé ān wèi
此的信心而同得安慰。

dì xiongmen wǒ bú yuàn yì nǐ men bù zhī dào wǒ lǚ
13 弟兄们，我不愿意你们不知道，我屡
cì jì huà wǎng nǐ men nà lǐ qù yào zài nǐ men zhōng jiān
次计划往你们那里去，要在你们中间
dé xiē guǒ zi rú tóng zài qí yú de wài bāng rén zhōng yí
得些果子，如同在其余的外邦人中一
yàng zhǐ shì dào rú jīn réng yǒu lán zǔ
样，只是到如今仍有拦阻。

wú lùn shì xī là rén wèi kāi huà de rén cōngmíng
14 无论是希腊人、未开化的人、聪明
rén yú zhuō rén wǒ dōu qiàn tā men de zhài
人、愚拙人，我都欠他们的债，

suǒ yǐ yuàn yì jìn wǒ de lì liàng bǎ fú yīn yě chuán gěi nǐ
15 所以愿意尽我的力量把福音也传给你
men zài luó mǎ de rén
们在罗马的人。

fú yīn shì shàng dì de dà néng
### 福音是上帝的大能

wǒ bù yǐ fú yīn wéi chǐ zhè fú yīn běn shì shàng dì de
16 我不以福音为耻；这福音本是上帝的
dà néng yào jiù yí qiè xiāng xìn de xiān shì yóu tài
大能，要救一切相信的，先是犹太
rén hòu shì xī là rén
人，后是希腊人。

d) but only those who have faith: Or "and faith is all that matters."

e) The people God accepts because of their faith will live: Or "The people God accepts will live because of their faith."

17 복음에는 하나님의 의가 나타나서 믿음으로 믿음에 이르게 하나니 기록된 바 [ㄱ]오직 의인은 믿음으로 말미암아 살리라 함과 같으니라

**모든 경건하지 않음과 불의**

18 하나님의 진노가 불의로 진리를 막는 사람들의 모든 경건하지 않음과 불의에 대하여 하늘로부터 나타나나니

19 이는 하나님을 알 만한 것이 그들 속에 보임이라 하나님께서 이를 그들에게 보이셨느니라

20 창세로부터 그의 보이지 아니하는 것들 곧 그의 영원하신 능력과 신성이 그가 만드신 만물에 분명히 보여 알려졌나니 [4]그러므로 그들이 핑계하지 못할지니라

21 하나님을 알되 하나님을 영화롭게도 아니하며 감사하지도 아니하고 오히려 그 생각이 허망하여지며 미련한 마음이 어두워졌나니

22 스스로 지혜 있다 하나 어리석게 되어

23 썩어지지 아니하는 하나님의 영광을 썩어질 사람과 새와 짐승과 기어다니는 동물 모양의 우상으로 바꾸었느니라

24 그러므로 하나님께서 그들을 마음의 정욕대로 더러움에 내버려 두사 그들의 몸을 서로 욕되게 하게 하셨으니

17 福音には、神の義が啓示されていますが、それは、初めから終わりまで信仰を通して実現されるのです。「正しい者は信仰によって生きる」と書いてあるとおりです。

**人類の罪**

18 不義によって真理の働きを妨げる人間のあらゆる不信心と不義に対して、神は天から怒りを現されます。

19 なぜなら、神について知りうる事柄は、彼らにも明らかだからです。神がそれを示されたのです。

20 世界が造られたときから、目に見えない神の性質、つまり神の永遠の力と神性は被造物に現れており、これを通して神を知ることができます。従って、彼らには弁解の余地がありません。

21 なぜなら、神を知りながら、神としてあがめることも感謝することもせず、かえって、むなしい思いにふけり、心が鈍く暗くなったからです。

22 自分では知恵があると吹聴しながら愚かになり、

23 滅びることのない神の栄光を、滅び去る人間や鳥や獣や這うものなどに似せた像と取り替えたのです。

24 そこで神は、彼らが心の欲望によって不潔なことをするにまかせられ、そのため、彼らは互いにその体を辱めました。

4) 또는 이는 그들로 핑계하지 못하게 하심이니라

17 The good news tells how God accepts everyone who has faith, but only those who have faith. [d] It is just as the Scriptures say, "The people God accepts because of their faith will live." [e]

**Everyone Is Guilty**

18 From heaven God shows how angry he is with all the wicked and evil things that sinful people do to crush the truth.

19 They know everything that can be known about God, because God has shown it all to them.

20 God's eternal power and character cannot be seen. But from the beginning of creation, God has shown what these are like by all he has made. That's why those people don't have any excuse.

21 They know about God, but they don't honor him or even thank him. Their thoughts are useless, and their stupid minds are in the dark.

22 They claim to be wise, but they are fools.

23 They don't worship the glorious and eternal God. Instead, they worship idols that are made to look like humans who cannot live forever, and like birds, animals, and reptiles.

24 So God let these people go their own way. They did what they wanted to do, and their filthy thoughts made them do shameful things with their bodies.

yīn wèi shàng dì de yì zhèng zài zhè fú yīn shàng xiǎn míng chū
17 因为上帝的义正在这福音上显明出
lái zhè yì shì běn yú xìn yǐ zhì yú xìn rú jīng shàng
来;这义是本于信,以至于信。如经上
suǒ jì yì rén bì yīn xìn dé shēng
所记:"义人必因信得生。"

rénlèidezuì è
**人类的罪恶**

yuán lái shàng dì de fèn nù cóng tiān shàng xiǎn míng zài yí
18 原来,上帝的愤怒从天上显明在一
qiè bù qián bù yì de rén shēn shàng jiù shì nà xiē xíng bù
切不虔不义的人身上,就是那些行不
yì yā zhì zhēn lǐ de rén
义压制真理的人。

shàng dì de shì qíng rén suǒ néng zhī dào de yuán xiǎn míng
19 上帝的事情,人所能知道的,原显明
zài rén xīn lǐ yīn wèi shàng dì yǐ jīng xiàng tā men xiǎn
在人心里,因为上帝已经向他们显
míng
明。

zì cóng chuàng zào yǔ zhòu yǐ lái shàng dì de yǒng néng hé
20 自从创造宇宙以来,上帝的永能和
shén xìng shì míng míng kě zhī de suī rán kàn bù jiàn dàn
神性是明明可知的,虽然看不见,但
jiè zhe suǒ zào zhī wù jiù kě yǐ liǎo jiě kàn jiàn shǐ rén wú
借着所造之物就可以了解看见,使人无
kě tuī wěi
可推诿。

yīn wèi tā men suī rán zhī dào shàng dì què bù bǎ tā
21 因为,他们虽然知道上帝,却不把他
dàng zuò shàng dì róng yào tā yě bù gǎn xiè tā tā men
当作上帝荣耀他,也不感谢他。他们
de sī xiǎng biàn wéi xū wàng wú zhī de xīn hūn àn le
的思想变为虚妄,无知的心昏暗了。

tā men zì yǐ wéi cōng míng fǎn chéng le yú mèi
22 他们自以为聪明,反成了愚昧,

jiāng bù néng xiǔ huài zhī shàng dì de róng yào biàn wéi ǒu xiàng
23 将不能朽坏之上帝的荣耀变为偶像,
fǎng zhào bì xiǔ huài de rén fēi qín zǒu shòu pá chóng
仿照必朽坏的人、飞禽、走兽、爬虫
de xíng xiàng
的形像。

suǒ yǐ shàng dì rèn píng tā men suí zhe xīn lǐ de qíng yù xíng
24 所以,上帝任凭他们随着心里的情欲行
wū huì de shì yǐ zhì bǐ cǐ xiū rǔ zì jǐ de shēn tǐ
污秽的事,以致彼此羞辱自己的身体。

25. 이는 그들이 하나님의 진리를 거짓 것으로
바꾸어 피조물을 조물주보다 더 경배하고
섬김이라 주는 곧 영원히 찬송할 이시로다
아멘

26 이 때문에 하나님께서 그들을 부끄러운
욕심에 내버려 두셨으니 곧 그들의
여자들도 순리대로 쓸 것을 바꾸어 역리로
쓰며

27 그와 같이 남자들도 순리대로 여자 쓰기를
버리고 서로 향하여 음욕이 불 일듯 하매
남자가 남자와 더불어 부끄러운 일을
행하여 그들의 그릇됨에 상당한 보응을
그들 자신이 받았느니라

28 또한 그들이 [5)]마음에 하나님 두기를
싫어하매 하나님께서 그들을 그 상실한
마음대로 내버려 두사 합당하지 못한 일을
하게 하셨으니

29 곧 모든 불의, 추악, 탐욕, 악의가 가득한
자요 시기, 살인, 분쟁, 사기, 악독이 가득한
자요 수군수군하는 자요

30 비방하는 자요 [6)]하나님께서 미워하시는
자요 능욕하는 자요 교만한 자요 자랑하는
자요 악을 도모하는 자요 부모를 거역하는
자요

31 우매한 자요 배약하는 자요 무정한 자요
무자비한 자라

32 그들이 이같은 일을 행하는 자는 사형에
해당한다고 하나님께서 정하심을 알고도
자기들만 행할 뿐 아니라 또한 그런 일을
행하는 자들을 옳다 하느니라

25 神の真理を偽りに替え、造り主の代わり
に造られた物を拝んでこれに仕えたので
す。造り主こそ、永遠にほめたたえられ
るべき方です、アーメン。

26 それで、神は彼らを恥ずべき情欲にまか
せられました。女は自然の関係を自然に
もとるものに変え、

27 同じく男も、女との自然の関係を捨て
て、互いに情欲を燃やし、男どうしで恥
ずべきことを行い、その迷った行いの当
然の報いを身に受けています。

28 彼らは神を認めようとしなかったので、
神は彼らを無価値な思いに渡され、その
ため、彼らはしてはならないことをする
ようになりました。

29 あらゆる不義、悪、むさぼり、悪意に満
ち、ねたみ、殺意、不和、欺き、邪念に
あふれ、陰口を言い、

30 人をそしり、神を憎み、人を侮り、高慢
であり、大言を吐き、悪事をたくらみ、
親に逆らい、

31 無知、不誠実、無情、無慈悲です。

32 彼らは、このようなことを行う者が死に
値するという神の定めを知っていなが
ら、自分でそれを行うだけではなく、他
人の同じ行為をも是認しています。

5) 헬, 지식에
6) 또는 하나님을 미워하는 자요

25 They gave up the truth about God for a lie, and they worshiped God's creation instead of God, who will be praised forever. Amen.

26 God let them follow their own evil desires. Women no longer wanted to have sex in a natural way, and they did things with each other that were not natural.

27 Men behaved in the same way. They stopped wanting to have sex with women and had strong desires for sex with other men. They did shameful things with each other, and what has happened to them is punishment for their foolish deeds.

28 Since these people refused even to think about God, he let their useless minds rule over them. That's why they do all sorts of indecent things.

29 They are evil, wicked, and greedy, as well as mean in every possible way. They want what others have, and they murder, argue, cheat, and are hard to get along with. They gossip,

30 say cruel things about others, and hate God. They are proud, conceited, and boastful, always thinking up new ways to do evil. These people don't respect their parents.

31 They are stupid, unreliable, and don't have any love or pity for others.

32 They know God has said that anyone who acts this way deserves to die. But they keep on doing evil things, and they even encourage others to do them.

tā menjiāngshàng dì de zhēn shí biàn wéi xū huǎng qù jìng bài
25 他们将上帝的真实变为虚谎，去敬拜
shì fèngshòu zào zhī wù bù jìng fèng nà zào wù de zhǔ
事奉受造之物，不敬奉那造物的主—
zhǔ shì kě chēngsòng de zhí dàoyǒngyuǎn ā men
主是可称颂的，直到永远。阿们！

yīn cǐ shàng dì rèn píng tā menfàngzòng kě xiū chǐ de qíng
26 因此，上帝任凭他们放纵可羞耻的情
yù tā men de nǚ rén bǎ zì rán de guān xi biànchéng wéi
欲。他们的女人把自然的关系变成违
fǎn zì rán de
反自然的；

nán rén yě shì rú cǐ fàng qì le hé nǚ rén zì rán de
27 男人也是如此，放弃了和女人自然的
guān xi yù huǒ gōng xīn nán de hé nán de bǐ cǐ tān
关系，欲火攻心，男的和男的彼此贪
liàn xíng kě chǐ de shì jiù zài zì jǐ shēnshàngshòu zhè
恋，行可耻的事，就在自己身上受这
nì xìngxíng wéi dāng dé de bàoyìng
逆性行为当得的报应。

tā men jì rán gù yì bú rèn shí shàng dì shàng dì jiù rèn
28 他们既然故意不认识上帝，上帝就任
píng tā mencún niǔ qū de xīn zuò nà xiē bù gāi zuò de
凭他们存扭曲的心，做那些不该做的
shì
事，

zhuāngmǎn le gè yàng bú yì xié è tān lán è
29 装满了各样不义、邪恶、贪婪、恶
dú mǎn xīn shì jí dù xiōng shā fēn zhēng guǐ zhà
毒，满心是嫉妒、凶杀、纷争、诡诈、
dú hèn yòu shì huǐ bàng de
毒恨，又是毁谤的、

shuō rén huàihuà de yuànhènshàng dì de wǔ rǔ rén
30 说人坏话的、怨恨上帝的、侮辱人
de kuáng ào de zì kuā de zhì zào shì fēi de wǔ
的、狂傲的、自夸的、制造是非的、忤
nì fù mǔ de
逆父母的、

wángěng bú huà de yán ér wú xìn de wú qíng wú yì
31 顽梗不化的、言而无信的、无情无义
de bù lián mǐn rén de
的、不怜悯人的。

tā men suī zhī dàoshàng dì pàndìng zuò zhè yàng shì de rén shì
32 他们虽知道上帝判定做这样事的人是
gāi sǐ de rán ér tā men bù dàn zì jǐ qù zuò hái zàn
该死的，然而他们不但自己去做，还赞
tóng bié rén qù zuò
同别人去做。

# 제 2 장

**하나님의 심판**

1 그러므로 남을 판단하는 사람아, 누구를
막론하고 네가 핑계하지 못할 것은 남을
판단하는 것으로 네가 너를 정죄함이니
판단하는 네가 같은 일을 행함이니라

2 이런 일을 행하는 자에게 하나님의 심판이
진리대로 되는 줄 우리가 아노라

3 이런 일을 행하는 자를 판단하고도 같은
일을 행하는 사람아, 네가 하나님의 심판을
피할 줄로 생각하느냐

4 혹 네가 하나님의 인자하심이 너를
인도하여 회개하게 하심을 알지 못하여
그의 인자하심과 용납하심과 길이
참으심이 풍성함을 멸시하느냐

5 다만 네 고집과 회개하지 아니한 마음을
따라 진노의 날 곧 하나님의 의로우신
심판이 나타나는 그 날에 임할 진노를 네게
쌓는도다

6 하나님께서 각 사람에게 그 행한 대로
보응하시되

7 참고 선을 행하여 영광과 존귀와 썩지
아니함을 구하는 자에게는 영생으로
하시고

# 第 2 章

**神の正しい裁き**

1 だから、すべて人を裁く者よ、弁解の余
地はない。あなたは、他人を裁きなが
ら、実は自分自身を罪に定めている。あ
なたも人を裁いて、同じことをしている
からです。

2 神はこのようなことを行う者を正しくお
裁きになると、わたしたちは知っていま
す。

3 このようなことをする者を裁きながら、
自分でも同じことをしている者よ、あな
たは、神の裁きを逃れられると思うので
すか。

4 あるいは、神の憐れみがあなたを悔い改
めに導くことも知らないで、その豊かな
慈愛と寛容と忍耐とを軽んじるのです
か。

5 あなたは、かたくなで心を改めようとせ
ず、神の怒りを自分のために蓄えていま
す。この怒りは、神が正しい裁きを行わ
れる怒りの日に現れるでしょう。

6 神はおのおのの行いに従ってお報いにな
ります。

7 すなわち、忍耐強く善を行い、栄光と誉
れと不滅のものを求める者には、永遠の
命をお与えになり、

# Chapter 2

### God's Judgment Is Fair

1 Some of you accuse others of doing wrong. But there is no excuse for what you do. When you judge others, you condemn yourselves, because you are guilty of doing the very same things.

2 We know that God is right to judge everyone who behaves in this way.

3 Do you really think God won't punish you, when you behave exactly like the people you accuse?

4 You surely don't think much of God's wonderful goodness or of his patience and willingness to put up with you. Don't you know that the reason God is good to you is because he wants you to turn to him?

5 But you are stubborn and refuse to turn to God. So you are making things even worse for yourselves on that day when he will show how angry he is and will judge the world with fairness.

6 God will reward each of us for what we have done.

7 He will give eternal life to everyone who has patiently done what is good in the hope of receiving glory, honor, and life that lasts forever.

dì èr zhāng
# 第 2 章

shàng dì de gōng yì shěnpàn
### 上帝的公义审判

suó yǐ nǐ zhè píngduàn rén de rén nǎ wú lùn nǐ shì
1 所以，你这评断人的人哪，无论你是
shuí dōu wú kě tuī wěi nǐ zài shén me shì shàngpíngduàn
谁，都无可推诿。你在什么事上评断
rén jiù zài shén me shì shàngdìng zì jǐ de zuì yīn nǐ
人，就在什么事上定自己的罪。因你
zhè píngduàn rén de zì jǐ suǒ zuò de què hé bié rén yí
这评断人的，自己所做的却和别人一
yàng
样。

wǒ men zhī dào zhè yàng zuò de rén shàng dì bì gōngpíng de
2 我们知道这样做的人，上帝必公平地
shěnpàn tā
审判他。

nǐ zhè ge rén nǎ nǐ píngduàn zuò zhè yàng shì de rén
3 你这个人哪，你评断做这样事的人，
zì jǐ suǒ zuò de què hé bié rén yí yàng nǐ yǐ wéi néng
自己所做的却和别人一样，你以为能
táo tuō shàng dì de shěnpàn ma
逃脱上帝的审判吗?

hái shì nǐ miǎo shì tā fēng fù de ēn cí kuānróng rěn
4 还是你藐视他丰富的恩慈、宽容、忍
nài bù zhī dào tā de ēn cí shì lǐng nǐ huí gǎi ma
耐，不知道他的恩慈是领你悔改吗?

nǐ jìng fàng rèn nǐ gāngyìng bù huí gǎi de xīn wèi zì jǐ
5 你竟放任你刚硬不悔改的心，为自己
lěi jī fèn nù zài fèn nù de rì zi shàng dì gōng yì de
累积愤怒！在愤怒的日子，上帝公义的
shěnpàn yào xiǎn shì chū lái
审判要显示出来。

tā yào zhào gè rén de xíng wéi bào yìng gè rén
6 他要照各人的行为报应各人。

fán héng xīn xíng shàn xún qiú róng yào zūn guì hé bù
7 凡恒心行善，寻求荣耀、尊贵，和不
néng xiǔ huài de jiù yǒu yǒngshēng bào cháng tā men
能朽坏的，就有永生报偿他们；

8 오직 당을 지어 진리를 따르지 아니하고
불의를 따르는 자에게는 진노와 분노로
하시리라

9 악을 행하는 각 사람의 영에는 환난과
곤고가 있으리니 먼저는 유대인에게요
그리고 헬라인에게며

10 선을 행하는 각 사람에게는 영광과 존귀와
평강이 있으리니 먼저는 유대인에게요
그리고 헬라인에게라

11 이는 하나님께서 외모로 사람을 취하지
아니하심이라

12 무릇 율법 없이 범죄한 자는 또한 율법 없이
망하고 무릇 율법이 있고 범죄한 자는
율법으로 말미암아 심판을 받으리라

13 하나님 앞에서는 율법을 듣는 자가 의인이
아니요 오직 율법을 행하는 자라야 의롭다
하심을 얻으리니

14 (율법 없는 이방인이 본성으로 율법의 일을
행할 때에는 이 사람은 율법이 없어도
자기가 자기에게 율법이 되나니

15 이런 이들은 그 양심이 증거가 되어 그
생각들이 서로 혹은 고발하며 혹은
변명하여 그 마음에 새긴 율법의 행위를
나타내느니라)

8 反抗心にかられ、真理ではなく不義に従
う者には、怒りと憤りをお示しになりま
す。

9 すべて悪を行う者には、ユダヤ人はもと
よりギリシア人にも、苦しみと悩みが下
り、

10 すべて善を行う者には、ユダヤ人はもと
よりギリシア人にも、栄光と誉れと平和
が与えられます。

11 神は人を分け隔てなさいません。

12 律法を知らないで罪を犯した者は皆、こ
の律法と関係なく滅び、また、律法の下
にあって罪を犯した者は皆、律法によっ
て裁かれます。

13 律法を聞く者が神の前で正しいのではな
く、これを実行する者が、義とされるか
らです。

14 たとえ律法を持たない異邦人も、律法の
命じるところを自然に行えば、律法を持
たなくとも、自分自身が律法なのです。

15 こういう人々は、律法の要求する事柄が
その心に記されていることを示していま
す。彼らの良心もこれを証ししており、
また心の思いも、互いに責めたり弁明し
合って、同じことを示しています。

8 But he will show how angry and furious he can be with every selfish person who rejects the truth and wants to do evil.

dàn shì nà xiē zì sī zì lì bú shùn cóng zhēn lǐ fǎn
8 但是那些自私自利、不顺从真理、反
shùn cóng bú yì de rén jiù yǒu nǎo hèn fèn nù bào yìng
顺从不义的人，就有恼恨、愤怒报应
tā men
他们。

9 All who are wicked will be punished with trouble and suffering. It doesn't matter if they are Jews or Gentiles.

tā yào bǎ huàn nán kùn kǔ jiā gěi yí qiè zuò è de rén
9 他要把患难、困苦加给一切作恶的人，
xiān shì yóu tài rén hòu shì xī là rén
先是犹太人，后是希腊人；

10 But all who do right will be rewarded with glory, honor, and peace, whether they are Jews or Gentiles.

què bǎ róng yào zūn guì píng ān jiā gěi yí qiè xíng shàn
10 却把荣耀、尊贵、平安加给一切行善
de rén xiān shì yóu tài rén hòu shì xī là rén
的人，先是犹太人，后是希腊人。

11 God doesn't have any favorites!

yīn wèi shàng dì bù piān dài rén
11 因为上帝不偏待人。

12 Those people who don't know about God's Law will still be punished for what they do wrong. And the Law will be used to judge everyone who knows what it says.

fán zài lǜ fǎ zhī wài fàn le zuì de jiāng zài lǜ fǎ zhī wài
12 凡在律法之外犯了罪的，将在律法之外
miè wáng fán zài lǜ fǎ zhī nèi fàn le zuì de jiāng àn lǜ
灭亡;凡在律法之内犯了罪的，将按律
fǎ shòu shěn pàn
法受审判。

13 God accepts those who obey his Law, but not those who simply hear it.

yuán lái zài shàng dì miàn qián bú shì tīng lǜ fǎ de wéi
13 原来在上帝面前，不是听律法的为
yì ér shì xíng lǜ fǎ de chēng yì
义，而是行律法的称义。

14 Some people naturally obey the Law's commands, even though they don't have the Law.

méi yǒu lǜ fǎ de wài bāng rén ruò shùn zhe běn xìng xíng lǜ fǎ
14 没有律法的外邦人若顺着本性行律法
shàng de shì tā men suī rán méi yǒu lǜ fǎ zì jǐ jiù
上的事，他们虽然没有律法，自己就
shì zì jǐ de lǜ fǎ
是自己的律法。

15 This proves that the conscience is like a law written in the human heart. And it will show whether we are forgiven or condemned,

tā men xiǎn míng lǜ fǎ de gōng yòng kè zài tā men xīn lǐ
15 他们显明律法的功用刻在他们心里，
tā men de liáng xīn yì tóng zuò zhèng tā men de nèi xīn zhēng
他们的良心一同作证一他们的内心挣
zhá yǒu shí zì zé yǒu shí wèi zì jǐ biàn hù
扎，有时自责，有时为自己辩护。

16 곧 나의 복음에 이른 바와 같이 하나님이
예수 그리스도로 말미암아 사람들의
은밀한 것을 심판하시는 그 날이라

### 유대인과 율법

17 유대인이라 불리는 네가 율법을 의지하며
하나님을 자랑하며

18 율법의 교훈을 받아 하나님의 뜻을 알고
[1]지극히 선한 것을 분간하며

19 맹인의 길을 인도하는 자요 어둠에 있는
자의 빛이요

20 율법에 있는 지식과 진리의 모본을 가진
자로서 어리석은 자의 교사요 어린 아이의
선생이라고 스스로 믿으니

21 그러면 다른 사람을 가르치는 네가 네
자신은 가르치지 아니하느냐 도둑질하지
말라 선포하는 네가 도둑질하느냐

22 간음하지 말라 말하는 네가 간음하느냐
우상을 가증히 여기는 네가 신전 물건을
도둑질하느냐

23 율법을 자랑하는 네가 율법을 범함으로
하나님을 욕되게 하느냐

16 そのことは、神が、わたしの福音の告げ
るとおり、人々の隠れた事柄をキリスト
・イエスを通して裁かれる日に、明らか
になるでしょう。

### ユダヤ人と律法

17 ところで、あなたはユダヤ人と名乗り、
律法に頼り、神を誇りとし、

18 その御心を知り、律法によって教えられ
て何をなすべきかをわきまえています。

19 -

20 また、律法の中に、知識と真理が具体的
に示されていると考え、盲人の案内者、
闇の中にいる者の光、無知な者の導き
手、未熟な者の教師であると自負してい
ます。

21 それならば、あなたは他人には教えなが
ら、自分には教えないのですか。「盗む
な」と説きながら、盗むのですか。

22 「姦淫するな」と言いながら、姦淫を行
うのですか。偶像を忌み嫌いながら、神
殿を荒らすのですか。

23 あなたは律法を誇りとしながら、律法を
破って神を侮っている。

1) 또는 능히 같지 아니한 점을 분별하라

16 when God appoints Jesus Christ to
judge everyone's secret thoughts, just
as my message says.

**The Jews and the Law**

17 Some of you call yourselves Jews. You
trust in the Law and take pride in God.

18 By reading the Scriptures you learn
how God wants you to behave, and
you discover what is right.

19 You are sure that you are a guide
for the blind and a light for all who
are in the dark.

20 And since there is knowledge and
truth in God's Law, you think you can
instruct fools and teach young people.

21 But how can you teach others when
you refuse to learn? You preach that
it is wrong to steal. But do you steal?

22 You say people should be faithful
in marriage. But are you faithful? You
hate idols, yet you rob their temples.

23 You take pride in the Law, but you
disobey the Law and bring shame to
God.

zài nà rì shàng dì yào jiè zhe jī dū yē sū àn zhào
16 在那日，上帝要借着基督耶稣，按照
wǒ suǒ chuán de fú yīn shěnpàn rén yǐn cáng de shì
我所传的福音，审判人隐藏的事。

yóu tài rén yǔ lǜ fǎ
**犹太人与律法**

dàn shì nǐ nǐ jì zì chēng wéi yóu tài rén yǐ kào lǜ
17 但是你，你既自称为犹太人，倚靠律
fǎ yǐ shàng dì kuā kǒu
法，以上帝夸口，

zhī dào shàng dì de zhǐ yì cóng lǜ fǎ shòu le jiào dǎo ér
18 知道上帝的旨意，从律法受了教导而
néng fēn biàn shì fēi
能分辨是非；

nǐ jì shēn xìn zì jǐ shì gěi máng rén lǐng lù de shì zài
19 你既深信自己是给盲人领路的，是在
hēi àn zhōng rén de guāng
黑暗中人的光，

shì wú zhī de rén de shī fu shì xiǎo hái zi de lǎo shī
20 是无知的人的师傅，是小孩子的老师，
tǐ xiàn le lǜ fǎ zhōng de zhī shí hé zhēn lǐ
体现了律法中的知识和真理；

nà me nǐ zhè jiào dǎo bié rén de hái jiào dǎo zì jǐ
21 那么，你这教导别人的，还教导自己
ma nǐ zhè xuānjiǎng bù kě tōu qiè de zì jǐ hái tōu
吗？你这宣讲不可偷窃的，自己还偷
qiè ma
窃吗？

nǐ zhè jiào rén bù kě jiān yín de zì jǐ hái jiān yín ma
22 你这叫人不可奸淫的，自己还奸淫吗？
nǐ zhè yàn wù ǒu xiàng de zì jǐ hái qiǎng jié miàozhōng zhī
你这厌恶偶像的，自己还抢劫庙中之
wù ma
物吗？

nǐ zhè yǐ lǜ fǎ kuā kǒu de zì jǐ dǎo wéi fàn lǜ fǎ
23 你这以律法夸口的，自己倒违犯律法，
xiū rǔ shàng dì
羞辱上帝！

24 기록된 바와 같이 ㄱ)하나님의 이름이 너희
때문에 이방인 중에서 모독을 받는도다

25 네가 율법을 행하면 할례가 유익하나
만일 율법을 범하면 네 할례는 무할례가
되느니라

26 그런즉 무할례자가 율법의 규례를 지키면
그 무할례를 할례와 같이 여길 것이 아니냐

27 또한 본래 무할례자가 율법을 온전히
지키면 율법 조문과 할례를 가지고 율법을
범하는 너를 정죄하지 아니하겠느냐

28 무릇 표면적 유대인이 유대인이 아니요
표면적 육신의 할례가 할례가 아니니라

29 오직 이면적 유대인이 유대인이며 할례는
마음에 할지니 영에 있고 율법 조문에 있지
아니한 것이라 그 칭찬이 사람에게서가
아니요 다만 하나님에게서니라

24 「あなたたちのせいで、神の名は異邦人の中で汚されている」と書いてあるとおりです。

25 あなたが受けた割礼も、律法を守ればこそ意味があり、律法を破れば、それは割礼を受けていないのと同じです。

26 だから、割礼を受けていない者が、律法の要求を実行すれば、割礼を受けていなくても、受けた者と見なされるのではないですか。

27 そして、体に割礼を受けていなくても律法を守る者が、あなたを裁くでしょう。あなたは律法の文字を所有し、割礼を受けていながら、律法を破っているのですから。

28 外見上のユダヤ人がユダヤ人ではなく、また、肉に施された外見上の割礼が割礼ではありません。

29 内面がユダヤ人である者こそユダヤ人であり、文字ではなく“霊”によって心に施された割礼こそ割礼なのです。その誉れは人からではなく、神から来るのです。

ㄱ) 사 52:5

24 It is just as the Scriptures tell us, "You have made foreigners say insulting things about God."

25 Being circumcised is worthwhile, if you obey the Law. But if you don't obey the Law, you are no better off than people who are not circumcised.

26 In fact, if they obey the Law, they are as good as anyone who is circumcised.

27 So everyone who obeys the Law, but has never been circumcised, will condemn you. Even though you are circumcised and have the Law, you still don't obey its teachings.

28 Just because you live like a Jew and are circumcised doesn't make you a real Jew.

29 To be a real Jew you must obey the Law. True circumcision is something that happens deep in your heart, not something done to your body. And besides, you should want praise from God and not from humans.

shàng dì de míng zài wài bāng rén zhōng yīn nǐ men shòu le xiè
24 上帝的名在外邦人中因你们受了亵
dú zhèng rú jīng shàng suǒ jì de
渎，正如经上所记的。

nǐ ruò zūn xíng lǜ fǎ gē lǐ gù rán yú nǐ yǒu yì
25 你若遵行律法，割礼固然于你有益；
ruò wéi fàn lǜ fǎ nǐ de gē lǐ jiù suàn bù dé gē
若违犯律法，你的割礼就算不得割
lǐ
礼。

suó yǐ nà wèi shòu gē lǐ de ruò zūn shǒu lǜ fǎ de
26 所以，那未受割礼的，若遵守律法的
yāo qiú tā suī rán wèi shòu gē lǐ qǐ bú suàn shì shòu
要求，他虽然未受割礼，岂不算是受
le gē lǐ ma
了割礼吗?

ér qiě nà běn lái wèi shòu gē lǐ de ruò néng quán shǒu
27 而且那本来未受割礼的，若能全守
lǜ fǎ qǐ bú shì yào shěn pàn nǐ zhè yǒu yí wén hé gē
律法，岂不是要审判你这有仪文和割
lǐ jìng wéi fàn lǜ fǎ de rén ma
礼，竟违犯律法的人吗?

yīn wèi wài biǎo shì yóu tài rén de bú shì zhēn yóu tài rén wài
28 因为外表是犹太人的不是真犹太人；外
biǎo ròu shēn de gē lǐ yě bú shì zhēn gē lǐ
表肉身的割礼也不是真割礼。

wéi yǒu nèi xīn zuò yóu tài rén de cái shì zhēn yóu tài rén
29 惟有内心作犹太人的才是真犹太人，
zhēn gē lǐ yě shì xīn lǐ de zài hu shèng líng bú zài
真割礼也是心里的，在乎圣灵，不在
hu yí wén zhè yàng de rén suǒ shòu de chēng zàn bú shì cóng
乎仪文。这样的人所受的称赞不是从
rén lái de ér shì cóng shàng dì lái de
人来的，而是从上帝来的。

# 제 3 장

1 그런즉 유대인의 나음이 무엇이며 할례의
유익이 무엇이냐

2 범사에 많으니 우선은 그들이 하나님의
말씀을 맡았음이니라

3 어떤 자들이 믿지 아니하였으면
어찌하리요 그 믿지 아니함이 하나님의
미쁘심을 폐하겠느냐

4 그럴 수 없느니라 사람은 다 거짓되되
오직 하나님은 참되시다 할지어다 기록된
바 [ㄱ)]주께서 주의 말씀에 의롭다 함을
얻으시고 판단 받으실 때에 이기려
하심이라 함과 같으니라

5 그러나 우리 불의가 하나님의 의를
드러나게 하면 무슨 말 하리요 [내가
사람의 말하는 대로 말하노니] 진노를
내리시는 하나님이 불의하시냐

6 결코 그렇지 아니하니라 만일 그러하면
하나님께서 어찌 세상을 심판하시리요

7 그러나 나의 거짓말로 하나님의 참되심이
더 풍성하여 그의 영광이 되었다면 어찌
내가 죄인처럼 심판을 받으리요

# 第３章

1 では、ユダヤ人の優れた点は何か。割礼
の利益は何か。

2 それはあらゆる面からいろいろ指摘でき
ます。まず、彼らは神の言葉をゆだねら
れたのです。

3 それはいったいどういうことか。彼らの
中に不誠実な者たちがいたにせよ、その
不誠実のせいで、神の誠実が無にされる
とでもいうのですか。

4 決してそうではない。人はすべて偽り者
であるとしても、神は真実な方であると
すべきです。「あなたは、言葉を述べる
とき、正しいとされ、裁きを受けると
き、勝利を得られる」と書いてあるとお
りです。

5 しかし、わたしたちの不義が神の義を明
らかにするとしたら、それに対して何と
言うべきでしょう。人間の論法に従って
言いますが、怒りを発する神は正しくな
いのですか。

6 決してそうではない。もしそうだとした
ら、どうして神は世をお裁きになること
ができましょう。

7 またもし、わたしの偽りによって神の真
実がいっそう明らかにされて、神の栄光
となるのであれば、なぜ、わたしはなお
も罪人として裁かれねばならないのでし
ょう。

ㄱ) 사 51:4

# Chapter 3

1 What good is it to be a Jew?
What good is it to be circumcised?

2 It is good in a lot of ways! First of all, God's messages were spoken to the Jews.

3 It is true that some of them did not believe the message. But does this mean that God cannot be trusted, just because they did not have faith?

4 No, indeed! God tells the truth, even if everyone else is a liar. The Scriptures say about God, "Your words will be proven true, and in court you will win your case."

5 If our evil deeds show how right God is, then what can we say? Is it wrong for God to become angry and punish us? What a foolish thing to ask.

6 But the answer is, "No." Otherwise, how could God judge the world?

7 Since your lies bring great honor to God by showing how truthful he is, you may ask why God still says you are a sinner.

dì sān zhāng
# 第 3 章

zhè yàngshuō lái yóu tài rén yǒu shén me bǐ bié rén qiáng ne
1 这样说来，犹太人有什么比别人强呢？
gē lǐ yǒu shén me yì chu ne
割礼有什么益处呢？

hěn duō gè fāngmiàn dōu yǒu shǒu xiān shàng dì de shèng
2 很多，各方面都有。首先，上帝的圣
yán jiāo tuō tā men
言交托他们。

jí shǐ yǒu bú xìn de zhè yòu hé fáng ne nán dào tā
3 即使有不信的，这又何妨呢？难道他
men de bú xìn jiù fèi diàoshàng dì de xìn shí ma
们的不信就废掉上帝的信实吗？

jué duì bú huì bù rú shuō shàng dì shì zhēn shí de ér
4 绝对不会！不如说，上帝是真实的，而
rén dōu shì xū huǎng de rú jīngshàng suǒ jì
人都是虚谎的。如经上所记：
yǐ zhì nǐ zé bèi de shí hou xiǎn wéi gōng yì
以致你责备的时候显为公义；
nǐ bèi zhǐ kòng de shí hou yí dìngshèng sù
你被指控的时候一定胜诉。

wǒ gū qiě zhào zhe rén de kàn fǎ lái shuō wǒ men de bú
5 我姑且照着人的看法来说，我们的不
yì ruò xiǎn chū shàng dì de yì lái wǒ men yào zěn me shuō
义若显出上帝的义来，我们要怎么说
ne shàng dì jiàng nù shì tā bú yì ma
呢？上帝降怒是他不义吗？

jué duì bú shì ruò shì zhè yàng shàng dì zěn néngshěn pàn
6 绝对不是！若是这样，上帝怎能审判
shì jiè ne
世界呢？

ruò shàng dì de zhēn shí yīn wǒ de xū huǎng yuè fā xiǎn chū tā
7 若上帝的真实因我的虚谎越发显出他
de róng yào wèi shén me wǒ hái xiàng zuì rén yí yàngshòushěn
的荣耀，为什么我还像罪人一样受审
pàn ne
判呢？

8 또는 그러면 선을 이루기 위하여 악을
행하자 하지 않겠느냐 어떤 이들이 이렇게
비방하여 우리가 이런 말을 한다고 하니
그들은 정죄 받는 것이 마땅하니라

**다 죄 아래에 있다**

9 그러면 어떠하냐 우리는 [1)]나으냐 결코
아니라 유대인이나 헬라인이나 다 죄 아래
에 있다고 우리가 이미 선언하였느니라

10 기록된 바 [ㄴ)]의인은 없나니 하나도 없으며

11 깨닫는 자도 없고 하나님을 찾는 자도 없고

12 다 치우쳐 함께 무익하게 되고 선을 행하는
자는 없나니 하나도 없도다

13 [ㄷ)]그들의 목구멍은 열린 무덤이요 [ㄹ)]그
혀로는 속임을 일삼으며 그 입술에는
독사의 독이 있고

14 [ㅁ)]그 입에는 저주와 악독이 가득하고

15 [ㅂ)]그 발은 피 흘리는 데 빠른지라

16 파멸과 고생이 그 길에 있어

17 평강의 길을 알지 못하였고

8 それに、もしそうであれば、「善が生じ
るために悪をしよう」とも言えるのでは
ないでしょうか。わたしたちがこう主張
していると中傷する人々がいますが、こ
ういう者たちが罰を受けるのは当然で
す。

**正しい者は一人もいない**

9 では、どうなのか。わたしたちには優れ
た点があるのでしょうか。全くありませ
ん。既に指摘したように、ユダヤ人もギ
リシア人も皆、罪の下にあるのです。

10 次のように書いてあるとおりです。「正
しい者はいない。一人もいない。

11 悟る者もなく、神を探し求める者もいな
い。

12 皆迷い、だれもかれも役に立たない者と
なった。善を行う者はいない。ただの一
人もいない。

13 彼らののどは開いた墓のようであり、彼
らは舌で人を欺き、その唇には蝮の毒が
ある。

14 口は、呪いと苦味で満ち、

15 足は血を流すのに速く、

16 その道には破壊と悲惨がある。

17 彼らは平和の道を知らない。

1) 또는 그들만 못하뇨

ㄴ) 시 14:1 이하; 53:1 이하
ㄷ) 시 5:9
ㄹ) 시 140:3
ㅁ) 시 10:7
ㅂ) 사 59:7 이하

8 You might as well say, "Let's do
something evil, so that something
good will come of it!" Some people
even claim that we are saying this. But
God is fair and will judge them as well.

### No One Is Good

9 What does all this mean? Does it mean
that we Jews are better off [f)] than the
Gentiles? No, it doesn't! Jews, as well
as Gentiles, are ruled by sin, just as I
have said.

10 The Scriptures tell us, "No one is
acceptable to God!

11 Not one of them understands or even
searches for God.

12 They have all turned away and are
worthless. There isn't one person
who does right.

13 Their words are like an open pit, and
their tongues are good only for telling
lies. Each word is as deadly as the
fangs of a snake,

14 and they say nothing but bitter curses.

15 These people quickly become violent.

16 Wherever they go, they leave ruin
and destruction.

17 They don't know how to live in peace.

wèi shén me bù shuō wǒ men kě yǐ zuò è yǐ chéngshàn ne
8 为什么不说，我们可以作恶以成善呢?
yǒu rén huǐ bàng wǒ men shuō wǒ men jiǎng guò zhè huà zhè děng
有人毁谤我们，说我们讲过这话;这等
rén bèi dìng zuì shì yìng gāi de
人被定罪是应该的。

méi yǒu yì rén
### 没有义人

nà yòu zěn me yàng ne wǒ men bǐ tā men qiáng ma jué bú
9 那又怎么样呢? 我们比他们强吗?绝不
shì yīn wǒ men yǐ jīng zhǐ zhèng yóu tài rén hé xī là rén
是!因我们已经指证: 犹太人和希腊人
dōu zài zuì è zhī xià
都在罪恶之下。

jiù rú jīng shàng suǒ jì
10 就如经上所记:

méi yǒu yì rén lián yí gè yě méi yǒu
没有义人，连一个也没有。

méi yǒu míng bai de méi yǒu xún qiú shàng dì de
11 没有明白的，没有寻求上帝的。

rén rén piān lí zhèng lù yì tóng zǒu xiàng bài huài
12 人人偏离正路，一同走向败坏。
méi yǒu xíng shàn de lián yí gè yě méi yǒu
没有行善的，连一个也没有。

tā men de hóu lóng shì chǎng kāi de fén mù
13 他们的喉咙是敞开的坟墓;

tā men de tóu wán nòng guǐ zhà
他们的头玩弄诡诈。

tā men de zuǐ chún hán zhe shé de dú yè
他们的嘴唇含着蛇的毒液，

mǎn kǒu shì zhòu mà kǔ dú
14 满口是咒骂苦毒。

tā men de jiǎo wèi shā rén liú xuè fēi pǎo
15 他们的脚为杀人流血飞跑;

tā men de lù liú xià huǐ huài hé zāi nàn
16 他们的路留下毁坏和灾难。

hé píng de lù tā men bú rèn shi
17 和平的路，他们不认识;

f) better off: Or "worse off."

18 [ㅅ)]그들의 눈 앞에 하나님을 두려워함이
없느니라 함과 같으니라

### 하나님의 의

19 우리가 알거니와 무릇 율법이 말하는 바는
율법 아래에 있는 자들에게 말하는 것이니
이는 모든 입을 막고 온 세상으로 하나님의
[2)]심판 아래에 있게 하려 함이라

20 그러므로 율법의 행위로 그의 앞에 의롭다
하심을 얻을 육체가 없나니 율법으로는
죄를 깨달음이니라

21 이제는 율법 외에 하나님의 한 의가
나타났으니 율법과 선지자들에게 증거를
받은 것이라

22 곧 예수 그리스도를 믿음으로 말미암아
모든 믿는 자에게 미치는 하나님의 의니
차별이 없느니라

23 모든 사람이 죄를 범하였으매 하나님의
영광에 이르지 못하더니

24 그리스도 예수 안에 있는 속량으로
말미암아 하나님의 은혜로 값 없이 의롭다
하심을 얻은 자 되었느니라

18 彼らの目には神への畏れがない。

19 さて、わたしたちが知っているように、
すべて律法の言うところは、律法の下に
いる人々に向けられています。それは、
すべての人の口がふさがれて、全世界が
神の裁きに服するようになるためなので
す。

20 なぜなら、律法を実行することによって
は、だれ一人神の前で義とされないから
です。律法によっては、罪の自覚しか生
じないのです。

### 信仰による義

21 ところが今や、律法とは関係なく、しか
も律法と預言者によって立証されて、神
の義が示されました。

22 すなわち、イエス・キリストを信じるこ
とにより、信じる者すべてに与えられる
神の義です。そこには何の差別もありま
せん。

23 人は皆、罪を犯して神の栄光を受けられ
なくなっていますが、

24 ただキリスト・イエスによる贖いの業を
通して、神の恵みにより無償で義とされ
るのです。

2) 또는 정죄　　ㅅ) 시 36:1

18 They don't even fear God."

19 We know that everything in the Law
was written for those who are under
its power. The Law says these things
to stop anyone from making excuses
and to let God show that the whole
world is guilty.

20 God doesn't accept people simply
because they obey the Law. No,
indeed! All the Law does is to point
out our sin.

**God's Way of Accepting People**

21 Now we see how God does make
us acceptable to him. The Law and the
Prophets [g] tell how we become
acceptable, and it isn't by obeying
the Law of Moses.

22 God treats everyone alike. He accepts
people only because they have faith
in Jesus Christ.

23 All of us have sinned and fallen short
of God's glory.

24 But God treats us much better than
we deserve, [h] and because of Christ
Jesus, he freely accepts us and sets us
free from our sins.

tā men mù zhōng wú jìng wèi shàng dì de xīn
18 他们目中无敬畏上帝的心。

wǒ men zhī dào lǜ fǎ suǒ shuō de huà dōu shì duì lǜ fǎ zhī
19 我们知道律法所说的话都是对律法之
xià de rén shuō de hǎo sāi zhù gè rén de kǒu shǐ pǔ
下的人说的，好塞住各人的口，使普
shì de rén dōu fú zài shàng dì de shěn pàn zhī xià
世的人都伏在上帝的审判之下。

suǒ yǐ fán xuè ròu zhī qū méi yǒu yí gè néng yīn zūn shǒu
20 所以，凡血肉之躯没有一个能因遵守
lǜ fǎ de xíng wéi ér zài shàng dì miàn qián chēng yì yīn wèi
律法的行为而在上帝面前称义，因为
lǜ fǎ běn shì yào rén rèn shi zuì
律法本是要人认识罪。

yīn xìn chēng yì
**因信称义**

dàn rú jīn shàng dì de yì zài lǜ fǎ zhī wài yǐ jīng xiǎn
21 但如今，上帝的义在律法之外已经显
míng chū lái yǒu lǜ fǎ hé xiān zhī wéi zhèng
明出来，有律法和先知为证：

jiù shì shàng dì de yì yīn xìn yē sū jī dū jiā gěi yí
22 就是上帝的义，因信耶稣基督加给一
qiè xìn de rén zhè bìng méi yǒu fēn bié
切信的人。这并没有分别，

yīn wèi rén rén dōu fàn le zuì kuī quē le shàng dì de róng
23 因为人人都犯了罪，亏缺了上帝的荣
yào
耀，

rú jīn què méng shàng dì de ēn diǎn jiè zhe jī dū yē sū
24 如今却蒙上帝的恩典，借着基督耶稣
de jiù shú jiù bái bái de dé chēng wéi yì
的救赎，就白白地得称为义。

g) The Law and the Prophets: The Jewish Scriptures, that is, the Old Testament.
h) treats us much better than we deserve: The Greek word charis, traditionally rendered "grace," is translated here and other places in the CEV to express the overwhelming kindness of God.

25 이 예수를 하나님이 [3]그의 피로써
믿음으로 말미암는 화목제물로 세우셨으니
이는 하나님께서 길이 참으시는 중에
전에 지은 죄를 간과하심으로 자기의
의로우심을 나타내려 하심이니

26 곧 이 때에 자기의 의로우심을 나타내사
자기도 의로우시며 또한 예수 믿는 자를
의롭다 하려 하심이라

27 그런즉 자랑할 데가 어디냐 있을 수가
없느니라 무슨 법으로냐 행위로냐 아니라
오직 믿음의 법으로니라

28 그러므로 사람이 의롭다 하심을 얻는 것은
율법의 행위에 있지 않고 믿음으로 되는 줄
우리가 인정하노라

29 하나님은 다만 유대인의 하나님이시냐
또한 이방인의 하나님은 아니시냐 진실로
이방인의 하나님도 되시느니라

30 할례자도 믿음으로 말미암아 또한
무할례자도 믿음으로 말미암아 의롭다
하실 하나님은 한 분이시니라

31 그런즉 우리가 믿음으로 말미암아 율법을
파기하느냐 그럴 수 없느니라 도리어
율법을 굳게 세우느니라

25 神はこのキリストを立て、その血によっ
て信じる者のために罪を償う供え物とな
さいました。それは、今まで人が犯した
罪を見逃して、神の義をお示しになるた
めです。

26 このように神は忍耐してこられたが、今
この時に義を示されたのは、御自分が正
しい方であることを明らかにし、イエス
を信じる者を義となさるためです。

27 では、人の誇りはどこにあるのか。それ
は取り除かれました。どんな法則によっ
てか。行いの法則によるのか。そうでは
ない。信仰の法則によってです。

28 なぜなら、わたしたちは、人が義とされ
るのは律法の行いによるのではなく、信
仰によると考えるからです。

29 それとも、神はユダヤ人だけの神でしょ
うか。異邦人の神でもないのですか。そ
うです。異邦人の神でもあります。

30 実に、神は唯一だからです。この神は、
割礼のある者を信仰のゆえに義とし、割
礼のない者をも信仰によって義としてく
ださるのです。

31 それでは、わたしたちは信仰によって、
律法を無にするのか。決してそうではな
い。むしろ、律法を確立するのです。

3) 또는 그의 피를 믿음으로 말미암는 화목 제물로 세우셨으니

25~26 God sent Christ to be our sacrifice.
Christ offered his life's blood, so
that by faith in him we could come
to God. And God did this to show
that in the past he was right to be
patient and forgive sinners. This
also shows that God is right when he
accepts people who have faith in Jesus.

27 What is left for us to brag about?
Not a thing! Is it because we obeyed
some law? No! It is because of faith.

28 We see that people are acceptable
to God because they have faith,
and not because they obey the Law.

29 Does God belong only to the Jews?
Isn't he also the God of the Gentiles?
Yes, he is!

30 There is only one God, and he accepts
Gentiles as well as Jews, simply
because of their faith.

31 Do we destroy the Law by our faith?
Not at all! We make it even more
powerful.

shàng dì shè lì yē sū zuò shú zuì jì shì píng yē sū de
25~26 上帝设立耶稣作赎罪祭，是凭耶稣的
xuè jiè zhe xìn yào xiǎn míng shàng dì de yì yīn wèi
血，借着信，要显明上帝的义；因为
tā yòng rěn nài de xīn kuān róng rén xiān qián suǒ fàn de zuì
他用忍耐的心宽容人先前所犯的罪，
hǎo shǐ jīn shí xiǎn míng tā de yì ràng rén zhī dào tā zì
好使今时显明他的义，让人知道他自
jǐ wéi yì yě chēng xìn yē sū de rén wéi yì
己为义，也称信耶稣的人为义。

jì shì zhè yàng nǎ lǐ kě kuā kǒu ne méi yǒu kě kuā
27 既是这样，哪里可夸口呢？没有可夸
de shì jiè shén me fǎ ne gōng dé ma bú shì shì
的。是借什么法呢？功德吗？不是！是
jiè xìn zhǔ zhī fǎ
借信主之法。

suó yǐ wǒ men rèn dìng rén chēng yì shì yīn zhe xìn bú
28 所以我们认定，人称义是因着信，不
zài yú lǜ fǎ de xíng wéi
在于律法的行为。

nán dào shàng dì zhǐ shì yóu tài rén de ma bù yě shì wài
29 难道上帝只是犹太人的吗？不也是外
bāng rén de ma shì de tā yě shì wài bāng rén de shàng
邦人的吗？是的，他也是外邦人的上
dì
帝。

jì rán shàng dì shì yí wèi tā jiù yào běn yú xìn chēng nà
30 既然上帝是一位，他就要本于信称那
shòu gē lǐ de wéi yì yě yào jiè zhe xìn chēng nà wèi shòu
受割礼的为义，也要借着信称那未受
gē lǐ de wéi yì
割礼的为义。

zhè yàng wǒ men jiè zhe xìn fèi le lǜ fǎ ma jué duì bú
31 这样，我们借着信废了律法吗？绝对不
shì gèng shì gǒng gù lǜ fǎ
是！更是巩固律法。

# 제 4 장

### 아브라함의 믿음과 그로 말미암은 언약

1 그런즉 1)육신으로 우리 조상인 아브라함이 무엇을 얻었다 하리요

2 만일 아브라함이 행위로써 의롭다 하심을 받았으면 자랑할 것이 있으려니와 하나님 앞에서는 없느니라

3 성경이 무엇을 말하느냐 ㄱ)아브라함이 하나님을 믿으매 그것이 그에게 의로 여겨진 바 되었느니라

4 일하는 자에게는 그 삯이 은혜로 여겨지지 아니하고 보수로 여겨지거니와

5 일을 아니할지라도 경건하지 아니한 자를 의롭다 하시는 이를 믿는 자에게는 그의 믿음을 의로 여기시나니

6 일한 것이 없이 하나님께 의로 여기심을 받는 사람의 복에 대하여 다윗이 말한 바

7 ㄴ)불법이 사함을 받고 죄가 가리어짐을 받는 사람들은 복이 있고

8 주께서 그 죄를 인정하지 아니하실 사람은 복이 있도다 함과 같으니라

9 그런즉 이 복이 할례자에게냐 혹은 무할례자에게도냐 무릇 우리가 말하기를 아브라함에게는 그 믿음이 의로 여겨졌다 하노라

# 第 4 章

### アブラハムの模範

1 では、肉によるわたしたちの先祖アブラハムは何を得たと言うべきでしょうか。

2 もし、彼が行いによって義とされたのであれば、誇ってもよいが、神の前ではそれはできません。

3 聖書には何と書いてありますか。「アブラハムは神を信じた。それが、彼の義と認められた」とあります。

4 ところで、働く者に対する報酬は恵みではなく、当然支払われるべきものと見なされています。

5 しかし、不信心な者を義とされる方を信じる人は、働きがなくても、その信仰が義と認められます。

6 同じようにダビデも、行いによらずに神から義と認められた人の幸いを、次のようにたたえています。

7 「不法が赦され、罪を覆い隠された人々は、幸いである。

8 主から罪があると見なされない人は、幸いである。」

9 では、この幸いは、割礼を受けた者だけに与えられるのですか。それとも、割礼のない者にも及びますか。わたしたちは言います。「アブラハムの信仰が義と認められた」のです。

1) 또는 우리 조상 아브라함이 육으로

ㄱ) 창 15:6
ㄴ) 시 32:1 이하

# Chapter 4

## The Example of Abraham

1 Well then, what can we say about our ancestor Abraham?

2 If he became acceptable to God because of what he did, then he would have something to brag about. But he would never be able to brag about it to God.

3 The Scriptures say, "God accepted Abraham because Abraham had faith in him."

4 Money paid to workers isn't a gift. It is something they earn by working.

5 But you cannot make God accept you because of something you do. God accepts sinners only because they have faith in him.

6 In the Scriptures David talks about the blessings that come to people who are acceptable to God, even though they don't do anything to deserve these blessings. David says,

7 "God blesses people whose sins are forgiven and whose evil deeds are forgotten.

8 The Lord blesses people whose sins are erased from his book."

9 Are these blessings meant for circumcised people or for those who are not circumcised? Well, the Scriptures say that God accepted Abraham because Abraham had faith in him.

dì sì zhāng
# 第 4 章

yà bó lā hǎn de bǎngyàng
## 亚伯拉罕的榜样

zhè yàngshuō lái àn ròu tǐ zuò wǒ men zǔ zong de yà bó
1 这样说来，按肉体作我们祖宗的亚伯
lā hǎn yòu dé dàoshén me ne
拉罕又得到什么呢?

tǎng ruò yà bó lā hǎn shì yīn xíng wéi chēng yì tā jiù
2 倘若亚伯拉罕是因行为称义，他就
yǒu kě kuā de dàn shì zài shàng dì miànqián tā yì wú kě
有可夸的，但是在上帝面前他一无可
kuā
夸。

jīng shàngshuōshén me ne yà bó lā hǎn xìn le shàng dì
3 经上说什么呢?“亚伯拉罕信了上帝，
zhè jiù suàn tā wéi yì
这就算他为义。”

zuò gōng de dé gōng zī bú suàn shì ēn diǎn ér shì yīng dé
4 做工的得工资不算是恩典，而是应得
de dàn nà bú zuò gōng de zhǐ xìn nà wèi chēng bú jìng
的；但那不做工的，只信那位称不敬
qián zhī rén wéi yì de tā de xìn jiù suàn wéi yì
虔之人为义的，他的信就算为义。

zhèng rú dà wèi chēng nà zài xíng wéi zhī wài méngshàng dì suàn
6 正如大卫称那在行为之外蒙上帝算
wéi yì de rén shì yǒu fú de
为义的人是有福的。

tā shuō guò fàn dé shè miǎn zuì è méng zhē gài de rén yǒu
7 他说:过犯得赦免，罪恶蒙遮盖的人有
fú le
福了!

zhǔ bú suàn wéi yǒu zuì de zhè yàng de rén yǒu fú le
8 主不算为有罪的，这样的人有福了!

rú cǐ kàn lái zhè fú zhǐ jiā gěi nà shòu gē lǐ de rén
9 如此看来，这福只加给那受割礼的人
ma bù yě jiā gěi nà wèi shòu gē lǐ de rén ma wǒ
吗? 不也加给那未受割礼的人吗? 我
menshuō yīn zhe xìn jiù suàn yà bó lā hǎn wéi yì
们说，因着信，就算亚伯拉罕为义。

10 그런즉 그것이 어떻게 여겨졌느냐
할례시냐 무할례시냐 할례시가 아니요
무할례시니라

11 그가 할례의 표를 받은 것은 무할례시에
믿음으로 된 의를 인친 것이니 이는
무할례자로서 믿는 모든 자의 조상이 되어
그들도 의로 여기심을 얻게 하려 하심이라

12 또한 할례자의 조상이 되었나니 곧 할례
받을 자에게뿐 아니라 우리 조상
아브라함이 무할례시에 가졌던 믿음의
자취를 따르는 자들에게도 그러하니라

13 아브라함이나 그 [2]후손에게 세상의
상속자가 되리라고 하신 언약은 율법으로
말미암은 것이 아니요 오직 믿음의 의로
말미암은 것이니라

14 만일 율법에 속한 자들이 상속자이면
믿음은 헛것이 되고 약속은
파기되었느니라

15 율법은 진노를 이루게 하나니 율법이 없는
곳에는 범법도 없느니라

10 どのようにしてそう認められたのでしょ
うか。割礼を受けてからですか。それと
も、割礼を受ける前ですか。割礼を受け
てからではなく、割礼を受ける前のこと
です。

11 アブラハムは、割礼を受ける前に信仰に
よって義とされた証しとして、割礼の印
を受けたのです。こうして彼は、割礼の
ないままに信じるすべての人の父とな
り、彼らも義と認められました。

12 更にまた、彼は割礼を受けた者の父、す
なわち、単に割礼を受けているだけでな
く、わたしたちの父アブラハムが割礼以
前に持っていた信仰の模範に従う人々の
父ともなったのです。

**信仰によって実現される約束**

13 神はアブラハムやその子孫に世界を受け
継がせることを約束されたが、その約束
は、律法に基づいてではなく、信仰によ
る義に基づいてなされたのです。

14 律法に頼る者が世界を受け継ぐのであれ
ば、信仰はもはや無意味であり、約束は
廃止されたことになります。

15 実に、律法は怒りを招くものであり、律
法のないところには違犯もありません。

2) 헬, 씨

10 But when did this happen? Was it before or after Abraham was circumcised? Of course, it was before.

11 Abraham let himself be circumcised to show that he had been accepted because of his faith even before he was circumcised. This makes Abraham the father of all who are acceptable to God because of their faith, even though they are not circumcised.

12 This also makes Abraham the father of everyone who is circumcised and has faith in God, as Abraham did before he was circumcised.

**The Promise Is for All Who Have Faith**

13 God promised Abraham and his descendants that he would give them the world. This promise wasn't made because Abraham had obeyed a law, but because his faith in God made him acceptable.

14 If Abraham and his descendants were given this promise because they had obeyed a law, then faith would mean nothing, and the promise would be worthless.

15 God becomes angry when his Law is broken. But where there isn't a law, it cannot be broken.

nà me zhè shì zěn me suàn de ne shì zài tā shòu gē
10 那么，这是怎么算的呢？是在他受割
lǐ de shí hou ne hái shì zài tā wèi shòu gē lǐ de shí
礼的时候呢？还是在他未受割礼的时
hou ne bú shì zài shòu gē lǐ de shí hou ér shì zài
候呢？不是在受割礼的时候，而是在
wèi shòu gē lǐ de shí hou
未受割礼的时候。

bìng qiě tā shòu le gē lǐ de jì hao zuò tā wèi shòu
11 并且，他受了割礼的记号，作他未受
gē lǐ de shí hou yīn xìn chēng yì de yìn zhèng wèi shǐ tā
割礼的时候因信称义的印证，为使他
zuò yí qiè wèi shòu gē lǐ ér xìn zhī rén de fù shǐ tā
作一切未受割礼而信之人的父，使他
men yě suàn wéi yì
们也算为义，

yě shǐ tā zuò shòu gē lǐ zhī rén de fù jiù shì nà xiē
12 也使他作受割礼之人的父，就是那些
bú dàn shòu gē lǐ ér qiě gēn suí wǒ men de zǔ zong yà
不但受割礼，而且跟随我们的祖宗亚
bó lā hǎn wèi shòu gē lǐ ér xìn de zú jì de rén
伯拉罕未受割礼而信的足迹的人。

yīng xǔ yīn xìn ér shí xiàn
**应许因信而实现**

yīn wèi shàng dì gěi yà bó lā hǎn hé tā hòu yì chéng shòu shì
13 因为上帝给亚伯拉罕和他后裔承受世
jiè de yīng xǔ bú shì jiè zhe lǜ fǎ ér shì jiè zhe xìn ér
界的应许不是借着律法，而是借着信而
dé de yì
得的义。

ruò shì shǔ yú lǜ fǎ de rén cái shì hòu sì xìn jiù luò
14 若是属于律法的人才是后嗣，信就落
kōng le yīng xǔ yě jiù shī xiào le
空了，应许也就失效了。

yīn wèi lǜ fǎ shì rě dòng fèn nù de nǎ lǐ méi yǒu lǜ
15 因为律法是惹动愤怒的，哪里没有律
fǎ nǎ lǐ jiù méi yǒu guò fàn
法，哪里就没有过犯。

16 그러므로 상속자가 되는 그것이 은혜에
속하기 위하여 믿음으로 되나니 이는 그
약속을 그 모든 [3]후손에게 굳게 하려
하심이라 율법에 속한 자에게뿐만 아니라
아브라함의 믿음에 속한 자에게도
그러하니 아브라함은 우리 모든 사람의
조상이라

17 기록된 바 [ㄷ]내가 너를 많은 민족의
조상으로 세웠다 하심과 같으니 그가 믿은
바 하나님은 죽은 자를 살리시며 없는 것을
있는 것으로 부르시는 이시니라

18 아브라함이 바랄 수 없는 중에 바라고
믿었으니 이는 [ㄹ]네 [4]후손이 이같으리라
하신 말씀대로 많은 민족의 조상이 되게
하려 하심이라

19 그가 백 세나 되어 자기 몸이 죽은 것 같고
사라의 태가 죽은 것 같음을 알고도 믿음이
약하여지지 아니하고

20 믿음이 없어 하나님의 약속을 의심하지
않고 믿음으로 견고하여져서 하나님께
영광을 돌리며

21 약속하신 그것을 또한 능히 이루실 줄을
확신하였으니

22 그러므로 그것이 그에게 의로
여겨졌느니라

16 従って、信仰によってこそ世界を受け継
ぐ者となるのです。恵みによって、アブ
ラハムのすべての子孫、つまり、単に律
法に頼る者だけでなく、彼の信仰に従う
者も、確実に約束にあずかれるのです。
彼はわたしたちすべての父です。

17 「わたしはあなたを多くの民の父と定め
た」と書いてあるとおりです。死者に命
を与え、存在していないものを呼び出し
て存在させる神を、アブラハムは信じ、
その御前でわたしたちの父となったので
す。

18 彼は希望するすべもなかったときに、な
おも望みを抱いて、信じ、「あなたの子
孫はこのようになる」と言われていたと
おりに、多くの民の父となりました。

19 そのころ彼は、およそ百歳になってい
て、既に自分の体が衰えており、そして
妻サラの体も子を宿せないと知りながら
も、その信仰が弱まりはしませんでした。

20 彼は不信仰に陥って神の約束を疑うよう
なことはなく、むしろ信仰によって強め
られ、神を賛美しました。

21 神は約束したことを実現させる力も、お
持ちの方だと、確信していたのです。

22 だからまた、それが彼の義と認められた
わけです。

3) 헬, 씨
4) 헬, 씨
ㄷ) 창 17:5
ㄹ) 창 15:5

16 Everything depends on having faith in God, so that God's promise is assured by his great kindness. This promise isn't only for Abraham's descendants who have the Law. It is for all who are Abraham's descendants because they have faith, just as he did. Abraham is the ancestor of us all.

17 The Scriptures say that Abraham would become the ancestor of many nations. This promise was made to Abraham because he had faith in God, who raises the dead to life and creates new things.

18 God promised Abraham a lot of descendants. And when it all seemed hopeless, Abraham still had faith in God and became the ancestor of many nations.

19 Abraham's faith never became weak, not even when he was nearly a hundred years old. He knew that he was almost dead and that his wife Sarah could not have children.

20 But Abraham never doubted or questioned God's promise. His faith made him strong, and he gave all the credit to God.

21 Abraham was certain that God could do what he had promised.

22 So God accepted him,

suó yǐ rén zuò hòu sì shì chū yú xìn yīn cǐ jiù shǔ
16~17 所以，人作后嗣是出于信，因此就属
hū ēn yǐ zhì yīng xǔ bǎozhèng guī gěi suó yǒu de hòu
乎恩，以致应许保证归给所有的后
yì bú dàn guī gěi nà shǔ yú lǜ fǎ de yě guī gěi
裔，不但归给那属于律法的，也归给
nà xiào fǎ yà bó lā hǎn zhī xìn de rén yà bó lā hǎn
那效法亚伯拉罕之信的人。亚伯拉罕
suǒ xìn de shì nà jiào sǐ rén fù huó shǐ wú biàn wéi yǒu de
所信的是那叫死人复活、使无变为有的
shàng dì zài zhè wèi shàng dì miànqián yà bó lā hǎn chéng
上帝，在这位上帝面前亚伯拉罕成
wéi wǒ menzhòng rén de fù rú jīng shàng suǒ jì wǒ yǐ
为我们众人的父，如经上所记："我已
jīng lì nǐ zuò duō guó zhī fù
经立你作多国之父。"

tā zài méi yǒu pànwàng de shí hou réng cún zhe pànwàng lái
18 他在没有盼望的时候，仍存着盼望来
xiāng xìn jiù dé yǐ zuò duō guó zhī fù zhèng rú xiān qián
相信，就得以作多国之父，正如先前
suǒ shuō nǐ de hòu yì jiāngyào rú cǐ
所说："你的后裔将要如此。"

tā jiāng jìn bǎi suì de shí hou suī rán xiǎngdào zì jǐ de
19 他将近百岁的时候，虽然想到自己的
shēn tǐ rú tóng yǐ sǐ sā lā yě bù kě néngshēng yù
身体如同已死，撒拉也不可能生育，
tā de xìn xīn hái shì bù ruǎn ruò
他的信心还是不软弱，

réngyǎngwàngshàng dì de yīng xǔ zǒng méi yǒu yīn bú xìn ér
20 仍仰望上帝的应许，总没有因不信而
qǐ yí huò fǎn dào yīn xìn ér gāngqiáng jiāngróng yào guī
起疑惑，反倒因信而刚强，将荣耀归
gěi shàng dì
给上帝，

qiě mǎn xīn xiāng xìn shàng dì suǒ yīng xǔ de bì néngchéng
21 且满心相信上帝所应许的必能成
jiù
就。

suó yǐ zhè yě jiù suàn tā wéi yì
22 所以这也就算他为义。

23 그에게 의로 여겨졌다 기록된 것은
아브라함만 위한 것이 아니요

24 의로 여기심을 받을 우리도 위함이니 곧
예수 우리 주를 죽은 자 가운데서 살리신
이를 믿는 자니라

25 예수는 우리가 범죄한 것 때문에 내줌이
되고 또한 우리를 의롭다 하시기 위하여
살아나셨느니라

23 しかし、「それが彼の義と認められた」
という言葉は、アブラハムのためだけに
記されているのでなく、

24 わたしたちのためにも記されているので
す。わたしたちの主イエスを死者の中か
ら復活させた方を信じれば、わたしたち
も義と認められます。

25 イエスは、わたしたちの罪のために死に
渡され、わたしたちが義とされるために
復活させられたのです。

23 just as we read in the Scriptures.
But these words were not
written only for Abraham.

24 They were written for us, since we will
also be accepted because of our faith in
God, who raised our Lord Jesus to life.

25 God gave Jesus to die for our sins,
and he raised him to life, so that we
would be made acceptable to God.

suàn tā wéi yì zhè jù huà bú shì dān wèi tā xiě de
23 “算他为义”这句话不是单为他写的，

yě shì wèi wǒ menjiāng lái dé suàn wéi yì de rén xiě de
24 也是为我们将来得算为义的人写的，
jiù shì wèi wǒ men zhè xiē xìn shàng dì shǐ wǒ men de zhǔ yē
就是为我们这些信上帝使我们的主耶
sū cóng sǐ rén zhōng fù huó de rén xiě de
稣从死人中复活的人写的。

yē sū bèi chū mài shì wèi wǒ men de guò fàn tā fù
25 耶稣被出卖，是为我们的过犯；他复
huó shì wèi shǐ wǒ menchēng yì
活，是为使我们称义。

# 제 5 장

**의롭다 하심을 받은 사람의 삶**

1 그러므로 우리가 믿음으로 의롭다 하심을
받았으니 [1]우리 주 예수 그리스도로
말미암아 하나님과 [2]화평을 누리자

2 또한 그로 말미암아 우리가 믿음으로서
있는 이 은혜에 들어감을 얻었으며
하나님의 영광을 바라고 즐거워하느니라

3 다만 이뿐 아니라 우리가 환난 중에도
즐거워하나니 이는 환난은 인내를,

4 인내는 연단을, 연단은 소망을 이루는 줄
앎이로다

5 소망이 우리를 부끄럽게 하지 아니함은
우리에게 주신 성령으로 말미암아
하나님의 사랑이 우리 마음에 부은 바
됨이니

6 우리가 아직 연약할 때에 기약대로
그리스도께서 경건하지 않은 자를 위하여
죽으셨도다

7 의인을 위하여 죽는 자가 쉽지 않고 선인을
위하여 용감히 죽는 자가 혹 있거니와

8 우리가 아직 죄인 되었을 때에
그리스도께서 우리를 위하여 죽으심으로
하나님께서 우리에 대한 자기의 사랑을
확증하셨느니라

# 第 5 章

**信仰によって義とされて**

1 このように、わたしたちは信仰によって
義とされたのだから、わたしたちの主イ
エス・キリストによって神との間に平和
を得ており、
2 このキリストのお陰で、今の恵みに信仰
によって導き入れられ、神の栄光にあず
かる希望を誇りにしています。
3 そればかりでなく、苦難をも誇りとしま
す。わたしたちは知っているのです、苦
難は忍耐を、
4 忍耐は練達を、練達は希望を生むという
ことを。
5 希望はわたしたちを欺くことがありませ
ん。わたしたちに与えられた聖霊によっ
て、神の愛がわたしたちの心に注がれて
いるからです。
6 実にキリストは、わたしたちがまだ弱か
ったころ、定められた時に、不信心な者
のために死んでくださった。
7 正しい人のために死ぬ者はほとんどいま
せん。善い人のために命を惜しまない者
ならいるかもしれません。
8 しかし、わたしたちがまだ罪人であった
とき、キリストがわたしたちのために死
んでくださったことにより、神はわたし
たちに対する愛を示されました。

1) 또는 믿음으로 서 있는 이 은혜에 들어감을 우리로 얻게 하신 우리 주 예수 그리스도로 말미암아 하나님으로 더불어 화평을 누리며 또한 하나님의 영광을 바라고 즐거워하자
2) 또는 화평이 있고

# Chapter 5

## What It Means To Be Acceptable to God

1 By faith we have been made acceptable to God. And now, because of our Lord Jesus Christ, we live at peace [i] with God.

2 Christ has also introduced us [j] to God's undeserved kindness on which we take our stand. So we are happy, as we look forward to sharing in the glory of God.

3 But that's not all! We gladly suffer, [k] because we know that suffering helps us to endure.

4 And endurance builds character, which gives us a hope

5 that will never disappoint us. All of this happens because God has given us the Holy Spirit, who fills our hearts with his love.

6 Christ died for us at a time when we were helpless and sinful.

7 No one is really willing to die for an honest person, though someone might be willing to die for a truly good person.

8 But God showed how much he loved us by having Christ die for us, even though we were sinful.

dì wǔ zhāng
# 第 5 章

yīn xìn chēng yì de fú
## 因信称义的福

suó yǐ wǒ men jì yīn xìn chēng yì jiù jiè zhe wǒ men
1 所以，我们既因信称义，就借着我们
de zhǔ yē sū jī dū dé yǐ yǔ shàng dì hé hǎo
的主耶稣基督得以与上帝和好。

wǒ men yòu jiè zhe tā yīn xìn dé yǐ jìn rù xiàn zài suǒ
2 我们又借着他，因信得以进入现在所
zhàn lì de zhè ēn diǎnzhōng bìng qiě huānhuān xǐ xǐ pànwàng
站立的这恩典中，并且欢欢喜喜盼望
shàng dì de róngyào
上帝的荣耀。

bú dàn rú cǐ jiù shì zài huànnánzhōng yě shì huānhuān xǐ
3 不但如此，就是在患难中也是欢欢喜
xǐ de yīn wèi zhī dàohuànnànshēng rěn nài
喜的，因为知道患难生忍耐，

rěn nài shēng yì lì yì lì shēngpànwàng
4 忍耐生毅力，毅力生盼望，

pànwàng bú zhì yú luò kōng yīn wèi shàng dì de ài yǐ
5 盼望不至于落空，因为上帝的爱，已
jiè zhe suǒ cì gěi wǒ men de shèng líng jiāo guàn zài wǒ men
借着所赐给我们的圣灵，浇灌在我们
xīn lǐ
心里。

wǒ men hái ruǎn ruò de shí hou jī dū jiù zài tè dìng de shí
6 我们还软弱的时候，基督就在特定的时
kè wèi bú jìng qián zhī rén sǐ
刻为不敬虔之人死。

wèi yì rén sǐ shì shǎo yǒu de wèi rén rén sǐ yé xǔ yǒu gǎn
7 为义人死是少有的;为仁人死也许有敢
zuò de
作的。

wéi yǒu jī dū zài wǒ men hái zuò zuì rén de shí hou wèi wǒ men
8 惟有基督在我们还作罪人的时候为我们
sǐ shàng dì de ài jiù zài cǐ xiàng wǒ menxiǎnmíng le
死，上帝的爱就在此向我们显明了。

i) we live at peace: Some manuscripts have "let us live at peace."
j) introduced us: Some manuscripts add "by faith."
k) We gladly suffer: Or "Let us gladly suffer."

9 그러면 이제 우리가 그의 피로 말미암아 의롭다 하심을 받았으니 더욱 그로 말미암아 진노하심에서 구원을 받을 것이니

10 곧 우리가 원수 되었을 때에 그의 아들의 죽으심으로 말미암아 하나님과 화목하게 되었은즉 화목하게 된 자로서는 더욱 그의 살아나심으로 말미암아 구원을 받을 것이니라

11 그뿐 아니라 이제 우리로 화목하게 하신 우리 주 예수 그리스도로 말미암아 하나님 안에서 또한 즐거워하느니라

**아담과 그리스도**

12 그러므로 한 사람으로 말미암아 죄가 세상에 들어오고 죄로 말미암아 사망이 들어왔나니 이와 같이 모든 사람이 죄를 지었으므로 사망이 모든 사람에게 이르렀느니라

13 죄가 율법 있기 전에도 세상에 있었으나 율법이 없었을 때에는 죄를 죄로 여기지 아니하였느니라

14 그러나 아담으로부터 모세까지 아담의 범죄와 같은 죄를 짓지 아니한 자들까지도 사망이 왕 노릇 하였나니 아담은 오실 자의 [3]모형이라

15 그러나 이 은사는 그 범죄와 같지 아니하니 곧 한 사람의 범죄를 인하여 많은 사람이 죽었은즉 더욱 하나님의 은혜와 또한 한 사람 예수 그리스도의 은혜로 말미암은 선물은 많은 사람에게 넘쳤느니라

9 それで今や、わたしたちはキリストの血によって義とされたのですから、キリストによって神の怒りから救われるのは、なおさらのことです。

10 敵であったときでさえ、御子の死によって神と和解させていただいたのであれば、和解させていただいた今は、御子の命によって救われるのはなおさらです。

11 それだけでなく、わたしたちの主イエス・キリストによって、わたしたちは神を誇りとしています。今やこのキリストを通して和解させていただいたからです。

**アダムとキリスト**

12 このようなわけで、一人の人によって罪が世に入り、罪によって死が入り込んだように、死はすべての人に及んだのです。すべての人が罪を犯したからです。

13 律法が与えられる前にも罪は世にあったが、律法がなければ、罪は罪と認められないわけです。

14 しかし、アダムからモーセまでの間にも、アダムの違犯と同じような罪を犯さなかった人の上にさえ、死は支配しました。実にアダムは、来るべき方を前もって表す者だったのです。

15 しかし、恵みの賜物は罪とは比較になりません。一人の罪によって多くの人が死ぬことになったとすれば、なおさら、神の恵みと一人の人イエス・キリストの恵みの賜物とは、多くの人に豊かに注がれるのです。

3) 또는 예표

9 But there is more! Now that God has accepted us because Christ sacrificed his life's blood, we will also be kept safe from God's anger.

10 Even when we were God's enemies, he made peace with us, because his Son died for us. Yet something even greater than friendship is ours. Now that we are at peace with God, we will be saved by his Son's life.

11 And in addition to everything else, we are happy because God sent our Lord Jesus Christ to make peace with us.

**Adam and Christ**

12 Adam sinned, and that sin brought death into the world. Now everyone has sinned, and so everyone must die.

13 Sin was in the world before the Law came. But no record of sin was kept, because there was no Law.

14 Yet death still had power over all who lived from the time of Adam to the time of Moses. This happened, though not everyone disobeyed a direct command from God, as Adam did. In some ways Adam is like Christ who came later.

15 But the gift that God was kind enough to give was very different from Adam's sin. That one sin brought death to many others. Yet in an even greater way, Jesus Christ alone brought God's gift of kindness to many people.

xiàn zài wǒ men jì kào zhe tā de xuè chēng yì jiù gèng yào
9 现在我们既靠着他的血称义，就更要
jiè zhe tā dé jiù miǎnshòushàng dì de fèn nù
借着他得救，免受上帝的愤怒。

yīn wèi wǒ men zuò chóu dí de shí hou shàng qiě jiè zhe shàng
10 因为我们作仇敌的时候，尚且借着上
dì ér zi de sǐ dé yǐ yǔ shàng dì hé hǎo jì yǐ hé
帝儿子的死得以与上帝和好，既已和
hǎo jiù gèng yào yīn tā de shēng dé jiù le
好，就更要因他的生得救了。

bú dàn rú cǐ wǒ men jì jiè zhe wǒ men de zhǔ yē sū jī
11 不但如此，我们既借着我们的主耶稣基
dū dé yǐ yǔ shàng dì hé hǎo yě jiù jiè zhe tā yǐ shàng
督得以与上帝和好，也就借着他以上
dì wéi lè
帝为乐。

yà dāng hé jī dū
**亚当和基督**

wèi cǐ zhèng rú zuì shì cóng yì rén jìn rù shì jiè sǐ
12 为此，正如罪是从一人进入世界，死
cóng zuì ér lái yú shì sǐ jiù lín dào zhòng rén yīn wèi
从罪而来，于是死就临到众人，因为
zhòng rén dōu fàn le zuì
众人都犯了罪。

méi yǒu lǜ fǎ zhī qián zuì yǐ jīng zài shì shàng dàn méi yǒu
13 没有律法之前，罪已经在世上，但没有
lǜ fǎ zuì yě bú suàn zuì
律法，罪也不算罪。

rán ér cóng yà dāng dào mó xī sǐ jiù zhǎng le quán
14 然而，从亚当到摩西，死就掌了权，
lián nà xiē bù yǔ yà dāng fàn yí yàng zuì guò de yě zài
连那些不与亚当犯一样罪过的，也在
sǐ de quán xià yà dāng shì nà yǐ hòu yào lái zhī rén de
死的权下。亚当是那以后要来之人的
yù xiàng
预像。

dàn shì guò fàn bù rú ēn cì ruò yīn yì rén de guò fàn
15 但是过犯不如恩赐，若因一人的过犯，
zhòng rén dōu sǐ le nà me shàng dì de ēn diǎn yǔ
众人都死了，那么，上帝的恩典，与
nà yīn yē sū jī dū yì rén ér lái de ēn diǎnzhōng de shǎng
那因耶稣基督一人而来的恩典中的赏
cì qǐ bù jiā bèi de lín dàozhòng rén ma
赐，岂不加倍地临到众人吗?

16 또 이 선물은 범죄한 한 사람으로 말미암은
것과 같지 아니하니 심판은 한 사람으로
말미암아 정죄에 이르렀으나 은사는 많은
범죄로 말미암아 의롭다 하심에
이름이니라

16 この賜物は、罪を犯した一人によっても
たらされたようなものではありません。
裁きの場合は、一つの罪でも有罪の判決
が下されますが、恵みが働くときには、
いかに多くの罪があっても、無罪の判決
が下されるからです。

17 한 사람의 범죄로 말미암아 사망이 그 한
사람을 통하여 왕 노릇 하였은즉 더욱
은혜와 의의 선물을 넘치게 받는 자들은
한 분 예수 그리스도를 통하여 생명 안에서
왕 노릇 하리로다

17 一人の罪によって、その一人を通して死
が支配するようになったとすれば、なお
さら、神の恵みと義の賜物とを豊かに受
けている人は、一人のイエス・キリスト
を通して生き、支配するようになるので
す。

18 그런즉 한 범죄로 많은 사람이 정죄에
이른 것 같이 한 의로운 행위로 말미암아
많은 사람이 의롭다 하심을 받아 생명에
이르렀느니라

18 そこで、一人の罪によってすべての人に
有罪の判決が下されたように、一人の正
しい行為によって、すべての人が義とさ
れて命を得ることになったのです。

19 한 사람이 순종하지 아니함으로
많은 사람이 죄인 된 것 같이 한 사람이
순종하심으로 많은 사람이 의인이 되리라

19 一人の人の不従順によって多くの人が罪
人とされたように、一人の従順によって
多くの人が正しい者とされるのです。

20 율법이 들어온 것은 범죄를 더하게 하려
함이라 그러나 죄가 더한 곳에 은혜가 더욱
넘쳤나니

20 律法が入り込んで来たのは、罪が増し加
わるためでありました。しかし、罪が増
したところには、恵みはなおいっそう満
ちあふれました。

21 이는 죄가 사망 안에서 왕 노릇 한 것 같이
은혜도 또한 의로 말미암아 왕 노릇 하여
우리 주 예수 그리스도로 말미암아 영생에
이르게 하려 함이라

21 こうして、罪が死によって支配していた
ように、恵みも義によって支配しつつ、
わたしたちの主イエス・キリストを通し
て永遠の命に導くのです。

16 There is a lot of difference between Adam's sin and God's gift. That one sin led to punishment. But God's gift made it possible for us to be acceptable to him, even though we have sinned many times.

17 Death ruled like a king because Adam had sinned. But that cannot compare with what Jesus Christ has done. God has been so kind to us, and he has accepted us because of Jesus. And so we will live and rule like kings.

18 Everyone was going to be punished because Adam sinned. But because of the good thing that Christ has done, God accepts us and gives us the gift of life.

19 Adam disobeyed God and caused many others to be sinners. But Jesus obeyed him and will make many people acceptable to God.

20 The Law came, so that the full power of sin could be seen. Yet where sin was powerful, God's kindness was even more powerful.

21 Sin ruled by means of death. But God's kindness now rules, and God has accepted us because of Jesus Christ our Lord. This means that we will have eternal life.

yīn yì rén fàn zuì ér lái de hòu guǒ yě bù rú shǎng
16 因一人犯罪而来的后果，也不如赏
cì yuán lái shěn pàn shì yóu yì rén ér dìng zuì ēn cì
赐，原来审判是由一人而定罪，恩赐
nǎi shì yóu xǔ duō guò fàn ér chēng yì
乃是由许多过犯而称义。

ruò yīn yì rén de guò fàn sǐ jiù yīn zhè yì rén zhǎng
17 若因一人的过犯，死就因这一人掌
quán nà xiē shòuhóng ēn yòu méng suǒ cì zhī yì de qǐ
权，那些受洪恩又蒙所赐之义的，岂
bú gèngyào yīn yē sū jī dū yì rén zài tā menshēngmìngzhōng
不更要因耶稣基督一人在他们生命中
zhǎngquán ma
掌权吗?

zhè yàng kàn lái yīn yí cì de guò fàn zhòng rén dōu bèi
18 这样看来，因一次的过犯，众人都被
dìng zuì zhàoyàng yīn yí cì de yì xíng zhòng rén yě jiù
定罪;照样，因一次的义行，众人也就
bèi chēng yì ér dé shēngmìng le
被称义而得生命了。

yīn yì rén de bèi nì zhòng rén chéng wéi zuì rén zhàoyàng
19 因一人的悖逆，众人成为罪人;照样，
yīn yì rén de shùncóng zhòng rén yě chéng wéi yì le
因一人的顺从，众人也成为义了。

ér qiě jiā tiān le lǜ fǎ shǐ de guò fàn zēng jiā zhǐ
20 而且加添了律法，使得过犯增加，只
shì zuì zài nǎ lǐ zēng jiā ēn diǎn jiù zài nǎ lǐ yuè fā
是罪在哪里增加，恩典就在哪里越发
fēngshèng le
丰盛了。

suǒ yǐ zhèng rú zuì jiè zhe sǐ zhǎngquán zhàoyàng ēn diǎn
21 所以，正如罪借着死掌权;照样，恩典
yě jiè zhe yì zhǎngquán shǐ rén yīn wǒ men de zhǔ yē sū
也借着义掌权，使人因我们的主耶稣
jī dū dé yǒngshēng
基督得永生。

# 제 6 장

### 그리스도와 함께 죽고 함께 산다

1 그런즉 우리가 무슨 말을 하리요 은혜를
더하게 하려고 죄에 거하겠느냐

2 그럴 수 없느니라 죄에 대하여 죽은 우리가
어찌 그 가운데 더 살리요

3 무릇 그리스도 예수와 합하여 [1]세례를
받은 우리는 그의 죽으심과 합하여
[1]세례를 받은 줄을 알지 못하느냐

4 그러므로 우리가 그의 죽으심과 합하여
[1]세례를 받음으로 그와 함께 장사되었나니
이는 아버지의 영광으로 말미암아
그리스도를 죽은 자 가운데서 살리심과
같이 우리로 또한 새 생명 가운데서 행하게
하려 함이라

5 만일 우리가 그의 죽으심과 같은 모양으로
연합한 자가 되었으면 또한 그의 부활과
같은 모양으로 연합한 자도 되리라

6 우리가 알거니와 우리의 옛 사람이 예수와
함께 십자가에 못 박힌 것은 죄의 몸이 죽어
다시는 우리가 죄에게 종 노릇 하지
아니하려 함이니

7 이는 죽은 자가 죄에서 벗어나 의롭다
하심을 얻었음이라

# 第 6 章

### 罪に死に、キリストに生きる

1 では、どういうことになるのか。恵みが
増すようにと、罪の中にとどまるべきだ
ろうか。

2 決してそうではない。罪に対して死んだ
わたしたちが、どうして、なおも罪の中
に生きることができるでしょう。

3 それともあなたがたは知らないのです
か。キリスト・イエスに結ばれるために
洗礼を受けたわたしたちが皆、またその
死にあずかるために洗礼を受けたこと
を。

4 わたしたちは洗礼によってキリストと共
に葬られ、その死にあずかるものとなり
ました。それは、キリストが御父の栄光
によって死者の中から復活させられたよ
うに、わたしたちも新しい命に生きるた
めなのです。

5 もし、わたしたちがキリストと一体にな
ってその死の姿にあやかるならば、その
復活の姿にもあやかれるでしょう。

6 わたしたちの古い自分がキリストと共に
十字架につけられたのは、罪に支配され
た体が滅ぼされ、もはや罪の奴隷になら
ないためであると知っています。

7 死んだ者は、罪から解放されています。

1) 헬 또는 침례

# Chapter 6

## Dead to Sin but Alive because of Christ

1 What should we say? Should we keep on sinning, so that God's wonderful kindness will show up even better?

2 No, we should not! If we are dead to sin, how can we go on sinning?

3 Don't you know that all who share in Christ Jesus by being baptized also share in his death?

4 When we were baptized, we died and were buried with Christ. We were baptized, so that we would live a new life, as Christ was raised to life by the glory of God the Father.

5 If we shared in Jesus' death by being baptized, we will be raised to life with him.

6 We know that the persons we used to be were nailed to the cross with Jesus. This was done, so that our sinful bodies would no longer be the slaves of sin.

7 We know that sin doesn't have power over dead people.

dì liù zhāng
# 第 6 章

duì zuì sǐ zài jī dū lǐ huó
## 对罪死，在基督里活

zhè yàng wǒ men zěn me shuō ne wǒ men kě yǐ réng zài
1 这样，我们怎么说呢？ 我们可以仍在
zuì zhōng shǐ ēn diǎn zēng duō ma
罪中使恩典增多吗？

jué duì bù kě wǒ men xiàng zuì sǐ le de rén qǐ kě
2 绝对不可！ 我们向罪死了的人，岂可
réng zài zuì zhōng huó zhe ne
仍在罪中活着呢？

nán dào nǐ men bù zhī dào wǒ men zhè shòu xǐ guī rù jī
3 难道你们不知道，我们这受洗归入基
dū yē sū de rén jiù shì shòu xǐ guī rù tā de sǐ ma
督耶稣的人，就是受洗归入他的死吗？

suǒ yǐ wǒ men jiè zhe xǐ lǐ guī rù sǐ hé tā yì
4 所以，我们借着洗礼归入死，和他一
tóng mái zàng shì yào wǒ men xíng shì wéi rén dōu yǒu xīn shēng
同埋葬，是要我们行事为人都有新生
de yàng zi xiàng jī dū jiè zhe fù de róng yào cóng sǐ rén
的样子，像基督借着父的荣耀从死人
zhōng fù huó yí yàng
中复活一样。

wǒ men ruò yǔ tā hé yī jīng lì yǔ tā yí yàng de
5 我们若与他合一，经历与他一样的
sǐ yě jiāng jīng lì yǔ tā yí yàng de fù huó
死，也将经历与他一样的复活。

wǒ men zhī dào wǒ men de jiù rén hé tā tóng dìng shí zì
6 我们知道，我们的旧人和他同钉十字
jià shǐ zuì shēn miè jué jiào wǒ men bú zài zuò zuì de
架，使罪身灭绝，叫我们不再作罪的
nú lì
奴隶，

yīn wèi yǐ sǐ de rén shì tuō lí le zuì
7 因为已死的人是脱离了罪。

8 만일 우리가 그리스도와 함께 죽었으면
또한 그와 함께 살 줄을 믿노니

9 이는 그리스도께서 죽은 자 가운데서
살아나셨으매 다시 죽지 아니하시고
사망이 다시 그를 주장하지 못할 줄을
앎이로라

10 그가 죽으심은 죄에 대하여 단번에
죽으심이요 그가 살아 계심은 하나님께
대하여 살아 계심이니

11 이와 같이 너희도 너희 자신을 죄에
대하여는 죽은 자요 그리스도 예수 안에서
하나님께 대하여는 살아 있는 자로
여길지어다

12 그러므로 너희는 죄가 너희 죽을 몸을
지배하지 못하게 하여 몸의 사욕에
순종하지 말고

13 또한 너희 지체를 불의의 무기로 죄에게
내주지 말고 오직 너희 자신을 죽은 자
가운데서 다시 살아난 자 같이 하나님께
드리며 너희 지체를 의의 무기로 하나님께
드리라

14 죄가 너희를 주장하지 못하리니 이는
너희가 법 아래에 있지 아니하고 은혜
아래에 있음이라

8 わたしたちは、キリストと共に死んだの
なら、キリストと共に生きることにもな
ると信じます。

9 そして、死者の中から復活させられたキ
リストはもはや死ぬことがない、と知っ
ています。死は、もはやキリストを支配
しません。

10 キリストが死なれたのは、ただ一度罪に
対して死なれたのであり、生きておられ
るのは、神に対して生きておられるので
す。

11 このように、あなたがたも自分は罪に対
して死んでいるが、キリスト・イエスに
結ばれて、神に対して生きているのだと
考えなさい。

12 従って、あなたがたの死ぬべき体を罪に
支配させて、体の欲望に従うようなこと
があってはなりません。

13 また、あなたがたの五体を不義のための
道具として罪に任せてはなりません。か
えって、自分自身を死者の中から生き返
った者として神に献げ、また、五体を義
のための道具として神に献げなさい。

14 なぜなら、罪は、もはや、あなたがたを
支配することはないからです。あなたが
たは律法の下ではなく、恵みの下にいる
のです。

8 As surely as we died with Christ, we believe we will also live with him.

9 We know that death no longer has any power over Christ. He died and was raised to life, never again to die.

10 When Christ died, he died for sin once and for all. But now he is alive, and he lives only for God.

11 In the same way, you must think of yourselves as dead to the power of sin. But Christ Jesus has given life to you, and you live for God.

12 Don't let sin rule your body. After all, your body is bound to die, so don't obey its desires

13 or let any part of it become a slave of evil. Give yourselves to God, as people who have been raised from death to life. Make every part of your body a slave that pleases God.

14 Don't let sin keep ruling your lives. You are ruled by God's kindness and not by the Law.

wǒ men ruò yǔ jī dū tóng sǐ wǒ men xìn yě bì yǔ tā
8 我们若与基督同死，我们信也必与他
tóng huó
同活，

yīn wèi zhī dào jī dū jì cóng sǐ rén zhōng fù huó jiù bú
9 因为知道基督既从死人中复活，就不
zài sǐ sǐ yě bú zài zuò tā de zhǔ le
再死，死也不再作他的主了。

tā sǐ le shì duì zuì sǐ zhǐ zhè yí cì tā huó
10 他死了，是对罪死，只这一次；他活，
shì duì shàng dì huó zhe
是对上帝活着。

zhè yàng nǐ men yě yào kàn zì jǐ duì zuì shì sǐ de zài
11 这样，你们也要看自己对罪是死的，在
jī dū yē sū lǐ duì shàng dì què shì huó de
基督耶稣里对上帝却是活的。

suǒ yǐ bú yào ràng zuì zài nǐ men bì sǐ de shēn shàng zhǎng
12 所以，不要让罪在你们必死的身上掌
quán shǐ nǐ men shùn cóng shēn tǐ de sī yù
权，使你们顺从身体的私欲。

yě bú yào bǎ nǐ men de zhī tǐ xiàn gěi zuì zuò bú yì de
13 也不要把你们的肢体献给罪作不义的
gōng jù dào yào xiàng cóng sǐ rén zhōng huó zhe de rén bǎ
工具，倒要像从死人中活着的人，把
zì jǐ xiàn gěi shàng dì bìng bǎ nǐ men de zhī tǐ xiàn gěi
自己献给上帝，并把你们的肢体献给
shàng dì zuò yì de gōng jù
上帝作义的工具。

zuì bì bù néng zuò nǐ men de zhǔ yīn nǐ men bú zài lǜ
14 罪必不能作你们的主，因你们不在律
fǎ zhī xià ér shì zài ēn diǎn zhī xià
法之下，而是在恩典之下。

### 의의 종

15 그런즉 어찌하리요 우리가 법 아래에 있지
아니하고 은혜 아래에 있으니 죄를
지으리요 그럴 수 없느니라

16 너희 자신을 종으로 내주어 누구에게
순종하든지 그 순종함을 받는 자의 종이
되는 줄을 너희가 알지 못하느냐 혹은 죄의
종으로 사망에 이르고 혹은 순종의 종으로
의에 이르느니라

17 하나님께 감사하리로다 너희가 본래 죄의
종이더니 [2)]너희에게 전하여 준 바 교훈의
본을 마음으로 순종하여

18 죄로부터 해방되어 의에게 종이
되었느니라

19 너희 육신이 연약하므로 내가 사람의
예대로 말하노니 전에 너희가 너희 지체를
부정과 불법에 내주어 불법에 이른 것 같이
이제는 너희 지체를 의에게 종으로 내주어
거룩함에 이르라

20 너희가 죄의 종이 되었을 때에는 의에
대하여 자유로웠느니라

21 너희가 그 때에 무슨 열매를 얻었느냐
이제는 너희가 그 일을 부끄러워하나니
이는 그 마지막이 사망임이라

### 義の奴隷

15 では、どうなのか。わたしたちは、律法
の下ではなく恵みの下にいるのだから、
罪を犯してよいということでしょうか。
決してそうではない。

16 知らないのですか。あなたがたは、だれ
かに奴隷として従えば、その従っている
人の奴隷となる。つまり、あなたがたは
罪に仕える奴隷となって死に至るか、神
に従順に仕える奴隷となって義に至る
か、どちらかなのです。

17 しかし、神に感謝します。あなたがた
は、かつては罪の奴隷でしたが、今は伝
えられた教えの規範を受け入れ、それに
心から従うようになり、

18 罪から解放され、義に仕えるようになり
ました。

19 あなたがたの肉の弱さを考慮して、分か
りやすく説明しているのです。かつて自
分の五体を汚れと不法の奴隷として、不
法の中に生きていたように、今これを義
の奴隷として献げて、聖なる生活を送り
なさい。

20 あなたがたは、罪の奴隷であったとき
は、義に対しては自由の身でした。

21 では、そのころ、どんな実りがありまし
たか。あなたがたが今では恥ずかしいと
思うものです。それらの行き着くところ
は、死にほかならない。

2) 헬, 너희를 맡은 바 교훈의

## Slaves Who Do What Pleases God

15 What does all this mean? Does it mean we are free to sin, because we are ruled by God's wonderful kindness and not by the Law? Certainly not!

16 Don't you know that you are slaves of anyone you obey? You can be slaves of sin and die, or you can be obedient slaves of God and be acceptable to him.

17 You used to be slaves of sin. But I thank God that with all your heart you obeyed the teaching you received from me.

18 Now you are set free from sin and are slaves who please God.

19 I am using these everyday examples, because in some ways you are still weak. You used to let the different parts of your body be slaves of your evil thoughts. But now you must make every part of your body serve God, so that you will belong completely to him.

20 When you were slaves of sin, you didn't have to please God.

21 But what good did you receive from the things you did? All you have to show for them is your shame, and they lead to death.

## 义的奴仆

15 那又怎么样呢？我们在恩典之下，不
在律法之下，就可以犯罪吗？绝对不
可！

16 难道你们不知道，你们献自己作奴仆，
顺从谁就作谁的奴仆吗？或作罪的奴
隶，以至于死；或作顺服的奴仆，以至
于成义。

17 感谢上帝！因为你们从前虽然作罪的
奴隶，现在却从心里顺服了所传给你
们道理的典范。

18 你们既从罪里得了释放，就作了义的
奴仆。

19 我因你们肉体的软弱，就以人的观点
来说。你们从前怎样把肢体献给不洁
不法作奴隶，以至于不法；现在也要照
样将肢体献给义作奴仆，以至于成
圣。

20 因为你们作罪的奴隶时，不被义所约
束。

21 那么，你们现在所看为羞耻的事，当
时有什么果子呢？那些事的结局就是
死。

22 그러나 이제는 너희가 죄로부터 해방되고
하나님께 종이 되어 거룩함에 이르는
열매를 맺었으니 그 마지막은 영생이라

23 죄의 삯은 사망이요 하나님의 [3]은사는
그리스도 예수 우리 주 안에 있는
영생이니라

22 あなたがたは、今は罪から解放されて神
の奴隷となり、聖なる生活の実を結んで
います。行き着くところは、永遠の命で
す。

23 罪が支払う報酬は死です。しかし、神の
賜物は、わたしたちの主キリスト・イエ
スによる永遠の命なのです。

3) 선물

22 Now you have been set free from
sin, and you are God's slaves.
This will make you holy and
will lead you to eternal life.

23 Sin pays off with death. But God's
gift is eternal life given by Jesus Christ
our Lord.

dàn rú jīn nǐ men jì cóng zuì lǐ dé le shì fàng zuò
22 但如今，你们既从罪里得了释放，作
le shàng dì de nú pú jiù jié chū guǒ zi yǐ zhì yú
了上帝的奴仆，就结出果子，以至于
chéngshèng nà jié jú jiù shì yǒngshēng
成圣，那结局就是永生。

yīn wèi zuì de gōng jià jiù shì sǐ dàn shì shàng dì de ēn
23 因为罪的工价就是死；但是上帝的恩
cì zài wǒ men de zhǔ jī dū yē sū lǐ què shì yǒng
赐，在我们的主基督耶稣里，却是永
shēng
生。

# 제 7 장

**혼인 관계로 비유한 율법과 죄**

1 형제들아 내가 법 아는 자들에게 말하노니
너희는 그 법이 사람이 살 동안만 그를
주관하는 줄 알지 못하느냐

2 남편 있는 여인이 그 남편 생전에는 법으로
그에게 매인 바 되나 만일 그 남편이 죽으면
남편의 법에서 벗어나느니라

3 그러므로 만일 그 남편 생전에 다른
남자에게 가면 음녀라 그러나 만일 남편이
죽으면 그 법에서 자유롭게 되나니
다른 남자에게 갈지라도 음녀가 되지
아니하느니라

4 그러므로 내 형제들아 너희도 그리스도의
몸으로 말미암아 율법에 대하여 죽임을
당하였으니 이는 다른 이 곧 죽은 자
가운데서 살아나신 이에게 가서 우리가
하나님을 위하여 열매를 맺게 하려 함이라

5 우리가 육신에 있을 때에는 율법으로
말미암는 죄의 정욕이 우리 지체 중에
역사하여 우리로 사망을 위하여 열매를
맺게 하였더니

# 第 7 章

**結婚の比喩**

1 それとも、兄弟たち、わたしは律法を知
っている人々に話しているのですが、律
法とは、人を生きている間だけ支配する
ものであることを知らないのですか。

2 結婚した女は、夫の生存中は律法によっ
て夫に結ばれているが、夫が死ねば、自
分を夫に結び付けていた律法から解放さ
れるのです。

3 従って、夫の生存中、他の男と一緒にな
れば、姦通の女と言われますが、夫が死ね
ば、この律法から自由なので、他の男と一
緒になっても姦通の女とはなりません。

4 ところで、兄弟たち、あなたがたも、キ
リストの体に結ばれて、律法に対しては
死んだ者となっています。それは、あな
たがたが、他の方、つまり、死者の中か
ら復活させられた方のものとなり、こう
して、わたしたちが神に対して実を結ぶ
ようになるためなのです。

5 わたしたちが肉に従って生きている間は、
罪へ誘う欲情が律法によって五体の中に働
き、死に至る実を結んでいました。

# Chapter 7

### An Example from Marriage

1 My friends, you surely understand enough about law to know that laws only have power over people who are alive.

2 For example, the Law says that a man's wife must remain his wife as long as he lives. But once her husband is dead, she is free

3 to marry someone else. However, if she goes off with another man while her husband is still alive, she is said to be unfaithful.

4 That is how it is with you, my friends. You are now part of the body of Christ and are dead to the power of the Law. You are free to belong to Christ, who was raised to life so that we could serve God.

5 When we thought only of ourselves, the Law made us have sinful desires. It made every part of our bodies into slaves who are doomed to die.

dì qī zhāng
# 第 7 章

lǜ fǎ de yuē shù lì
### 律法的约束力

dì xiongmen wǒ duì nǐ men zhè xiē míng bai lǜ fǎ de rén
1 弟兄们，我对你们这些明白律法的人
shuō nǐ men qǐ bù zhī dào lǜ fǎ yuē shù rén shì zài tā huó
说，你们岂不知道律法约束人是在他活
zhe de shí hou ma
着的时候吗?

jiù rú nǚ rén yǒu le zhàng fu zhàng fu hái huó zhe tā
2 就如女人有了丈夫，丈夫还活着，她
jiù bèi lǜ fǎ yuē shù zhàng fu ruò sǐ le tā jiù cóng
就被律法约束;丈夫若死了，她就从
zhàng fu de lǜ fǎ zhōng jiě tuō le
丈夫的律法中解脱了。

suǒ yǐ zhàng fu hái huó zhe tā ruò gēn le bié de nán
3 所以丈夫还活着，她若跟了别的男
rén jiù jiào yín fù zhàng fu ruò sǐ le tā jiù tuō lí
人，就叫淫妇;丈夫若死了，她就脱离
le lǜ fǎ suī rán gēn le bié de nán rén yě bú shì yín
了律法，虽然跟了别的男人，也不是淫
fù
妇。

wǒ de dì xiongmen zhè yàngshuō lái nǐ men jiè zhe jī
4 我的弟兄们，这样说来，你们借着基
dū de shēn tǐ duì lǜ fǎ yě shì sǐ le shǐ nǐ men guī
督的身体对律法也是死了，使你们归
yú lìng yí wèi jiù shì guī yú nà cóng sǐ rén zhōng fù huó
于另一位，就是归于那从死人中复活
de wèi yào shǐ wǒ men jié guǒ zi gěi shàng dì
的，为要使我们结果子给上帝。

yīn wèi wǒ men shǔ ròu tǐ de shí hou nà yīn lǜ fǎ ér
5 因为我们属肉体的时候，那因律法而
shēng fàn zuì de yù wàng zài wǒ men zhī tǐ zhōng fā dòng yǐ
生犯罪的欲望在我们肢体中发动，以
zhì jié chū sǐ wáng de guǒ zi
致结出死亡的果子。

6 이제는 우리가 얽매였던 것에 대하여 죽었으므로 율법에서 벗어났으니 이러므로 우리가 영의 새로운 것으로 섬길 것이요 율법 조문의 묵은 것으로 아니할지니라

7 그런즉 우리가 무슨 말을 하리요 율법이 죄냐 그럴 수 없느니라 율법으로 말미암지 않고는 내가 죄를 알지 못하였으니 곧 율법이 [ㄱ]탐내지 말라 하지 아니하였더라면 내가 탐심을 알지 못하였으리라

8 그러나 죄가 기회를 타서 계명으로 말미암아 내 속에서 온갖 탐심을 이루었나니 이는 율법이 없으면 죄가 죽은 것임이라

9 전에 [1]율법을 깨닫지 못했을 때에는 내가 살았더니 계명이 이르매 죄는 살아나고 나는 죽었도다

10 생명에 이르게 할 그 계명이 내게 대하여 도리어 사망에 이르게 하는 것이 되었도다

11 죄가 기회를 타서 계명으로 말미암아 나를 속이고 그것으로 나를 죽였는지라

6 しかし今は、わたしたちは、自分を縛っていた律法に対して死んだ者となり、律法から解放されています。その結果、文字に従う古い生き方ではなく、"霊"に従う新しい生き方で仕えるようになっているのです。

**内在する罪の問題**

7 では、どういうことになるのか。律法は罪であろうか。決してそうではない。しかし、律法によらなければ、わたしは罪を知らなかったでしょう。たとえば、律法が「むさぼるな」と言わなかったら、わたしはむさぼりを知らなかったでしょう。

8 ところが、罪は掟によって機会を得、あらゆる種類のむさぼりをわたしの内に起こしました。律法がなければ罪は死んでいるのです。

9 わたしは、かつては律法とかかわりなく生きていました。しかし、掟が登場したとき、罪が生き返って、

10 わたしは死にました。そして、命をもたらすはずの掟が、死に導くものであることが分かりました。

11 罪は掟によって機会を得、わたしを欺き、そして、掟によってわたしを殺してしまったのです。

1) 헬, 법 없이 내가　　ㄱ) 출 20:17; 신 5:21

6 But the Law no longer rules over us. We are like dead people, and it cannot have any power over us. Now we can serve God in a new way by obeying his Spirit, and not in the old way by obeying the written Law.

**The Battle with Sin**

7 Does this mean that the Law is sinful? Certainly not! But if it had not been for the Law, I would not have known what sin is really like. For example, I would not have known what it means to want something that belongs to someone else, unless the Law had told me not to do that.

8 It was sin that used this command as a way of making me have all kinds of desires. But without the Law, sin is dead.

9 Before I knew about the Law, I was alive. But as soon as I heard that command, sin came to life,

10 and I died. The very command that was supposed to bring life to me, instead brought death.

11 Sin used this command to trick me, and because of it I died.

dàn rú jīn wǒ men jì rán zài kún bǎng wǒ men de lǜ fǎ
6 但如今，我们既然在捆绑我们的律法
shàng sǐ le jiù cóng lǜ fǎ zhōng jiě tuō shǐ wǒ men fú
上死了，就从律法中解脱，使我们服
shì zhǔ yào àn zhe shèng líng de xīn yàng bú àn zhe yí
侍主，要按着圣灵的新样，不按着仪
wén de jiù yàng
文的旧样。

lǜ fǎ yǔ zuì de guān xi
**律法与罪的关系**

zhè yàng wǒ men zěn me shuō ne lǜ fǎ shì zuì ma
7 这样，我们怎么说呢？ 律法是罪吗？
jué duì bú shì dàn shì ruò bú shì jiè zhe lǜ fǎ
绝对不是！ 但是，若不是借着律法，
wǒ jiù bù zhī hé wéi zuì ruò bú shì lǜ fǎ shuō bù kě tān
我就不知何为罪；若不是律法说“不可贪
xīn wǒ jiù bù zhī hé wéi tān xīn
心”，我就不知何为贪心。

rán ér zuì chèn zhe jī huì jiè zhe jiè mìng shǐ gè
8 然而，罪趁着机会，借着诫命，使各
yàng de tān xīn zài wǒ lǐ tou fā dòng yīn wèi méi yǒu lǜ
样的贪心在我里头发动，因为没有律
fǎ zuì shì sǐ de
法，罪是死的。

yǐ qián méi yǒu lǜ fǎ de shí hou wǒ shì huó de dàn shì
9 以前没有律法的时候，我是活的；但是
jiè mìng lái dào zuì huó qǐ lái wǒ jiù sǐ le
诫命来到，罪活起来，我就死了。

nà běn gāi jiào rén huó de jiè mìng fǎn ér jiào wǒ sǐ
10 那本该叫人活的诫命反而叫我死。

yīn wèi zuì chèn zhe jī huì jiè zhe jiè mìng yòu huò wǒ
11 因为罪趁着机会，借着诫命诱惑我，
bìng qiě jiè zhe jiè mìng shā le wǒ
并且借着诫命杀了我。

12 이로 보건대 율법은 거룩하고 계명도
거룩하고 의로우며 선하도다

13 그런즉 선한 것이 내게 사망이 되었느냐
그럴 수 없느니라 오직 죄가 죄로 드러나기
위하여 선한 그것으로 말미암아 나를 죽게
만들었으니 이는 계명으로 말미암아 죄로
심히 죄 되게 하려 함이라

14 우리가 율법은 신령한 줄 알거니와 나는
육신에 속하여 죄 아래에 팔렸도다

15 내가 행하는 것을 내가 알지 못하노니 곧
내가 원하는 것은 행하지 아니하고 도리어
미워하는 것을 행함이라

16 만일 내가 원하지 아니하는 그것을 행하면
내가 이로써 율법이 선한 것을 시인하노니

17 이제는 그것을 행하는 자가 내가 아니요 내
속에 거하는 죄니라

18 내 속 곧 내 육신에 선한 것이 거하지
아니하는 줄을 아노니 원함은 내게 있으나
선을[2] 행하는 것은 없노라

12 こういうわけで、律法は聖なるものであ
り、掟も聖であり、正しく、そして善い
ものなのです。

13 それでは、善いものがわたしにとって死
をもたらすものとなったのだろうか。決
してそうではない。実は、罪がその正体
を現すために、善いものを通してわたし
に死をもたらしたのです。このようにし
て、罪は限りなく邪悪なものであること
が、掟を通して示されたのでした。

14 わたしたちは、律法が霊的なものである
と知っています。しかし、わたしは肉の
人であり、罪に売り渡されています。

15 わたしは、自分のしていることが分かり
ません。自分が望むことは実行せず、か
えって憎んでいることをするからです。

16 もし、望まないことを行っているとすれ
ば、律法を善いものとして認めているわ
けになります。

17 そして、そういうことを行っているの
は、もはやわたしではなく、わたしの中
に住んでいる罪なのです。

18 わたしは、自分の内には、つまりわたし
の肉には、善が住んでいないことを知っ
ています。善をなそうという意志はあり
ますが、それを実行できないからです。

2) 또는 행할 능은

12 Still, the Law and its commands
are holy and correct and good.

zhè yàng kàn lái lǜ fǎ shì shèng de jiè mìng yě shì shèng
12 这样看来，律法是圣的，诫命也是圣
de yì de shàn de
的、义的、善的。

13 Am I saying that something good
caused my death? Certainly not!
It was sin that killed me by using
something good. Now we can see
how terrible and evil sin really is.

nà me nà shàn de shì jiào wǒ sǐ ma jué duì bú shì
13 那么，那善的是叫我死吗?绝对不是!
jiào wǒ sǐ de shì zuì zuì jiè zhe nà shàn de jiào wǒ
叫我死的是罪。罪借着那善的叫我
sǐ wèi yào xiǎn chū zhè zhēn shì zuì yǐ zhì zuì jiè zhe
死，为要显出这真是罪，以致罪借着
jiè mìng gèng xiǎn chū shì è jí le
诫命更显出是恶极了。

14 We know that the Law is spiritual.
But I am merely a human, and I
have been sold as a slave to sin.

líng yǔ ròu de jiāo zhàn
**灵与肉的交战**

wǒ men yuán zhī dào lǜ fǎ shì shǔ líng de wǒ què shì shǔ
14 我们原知道律法是属灵的，我却是属
ròu tǐ de shì yǐ jīng mài gěi zuì le
肉体的，是已经卖给罪了。

15 In fact, I don't understand why I
act the way I do. I don't do what I
know is right. I do the things I hate.

yīn wèi wǒ suǒ zuò de wǒ zì jǐ bù míng bai wǒ suǒ
15 因为我所做的，我自己不明白。我所
yuàn yì de wǒ bìng bú zuò wǒ suǒ hèn wù de wǒ fǎn
愿意的，我并不做;我所恨恶的，我反
ér qù zuò
而去做。

16 Although I don't do what I know is
right, I agree that the Law is good.

rú guǒ wǒ suǒ zuò de shì wǒ suǒ bú yuàn yì de wǒ děi
16 如果我所做的是我所不愿意的，我得
chéng rèn lǜ fǎ shì shàn de
承 认律法是善的。

17 So I am not the one doing these evil
things. The sin that lives in me is what
does them.

shì shí shàng zhè bú shì wǒ zuò de ér shì zhù zài wǒ lǐ
17 事实上，这不是我做的，而是住在我里
miàn de zuì zuò de
面的罪做的。

18 I know that my selfish desires won't
let me do anything that is good. Even
when I want to do right, I cannot.

wǒ yě zhī dào zhù zài wǒ lǐ miàn de jiù shì wǒ ròu
18 我也知道，住在我里面的，就是我肉
tǐ zhī zhōng méi yǒu shàn yīn wèi lì zhì wéi shàn yóu dé
体之中，没有善。因为立志为善由得
wǒ zhǐ shì xíng chū lái yóu bu de wǒ
我，只是行出来由不得我。

19 내가 원하는 바 선은 행하지 아니하고 도리어 원하지 아니하는 바 악을 행하는도다

20 만일 내가 원하지 아니하는 그것을 하면 이를 행하는 자는 내가 아니요 내 속에 거하는 죄니라

21 그러므로 내가 한 법을 깨달았노니 곧 선을 행하기 원하는 나에게 악이 함께 있는 것이로다

22 내 속사람으로는 하나님의 법을 즐거워하되

23 내 지체 속에서 한 다른 법이 내 마음의 법과 싸워 내 지체 속에 있는 죄의 법으로 나를 사로잡는 것을 보는도다

24 오호라 나는 곤고한 사람이로다 이 사망의 몸에서 누가 나를 건져내랴

25 우리 주 예수 그리스도로 말미암아 하나님께 감사하리로다 그런즉 내 자신이 마음으로는 하나님의 법을 육신으로는 죄의 법을 섬기노라

19 わたしは自分の望む善は行わず、望まない悪を行っている。

20 もし、わたしが望まないことをしているとすれば、それをしているのは、もはやわたしではなく、わたしの中に住んでいる罪なのです。

21 それで、善をなそうと思う自分には、いつも悪が付きまとっているという法則に気づきます。

22 「内なる人」としては神の律法を喜んでいますが、

23 わたしの五体にはもう一つの法則があって心の法則と戦い、わたしを、五体の内にある罪の法則のとりこにしているのが分かります。

24 わたしはなんと惨めな人間なのでしょう。死に定められたこの体から、だれがわたしを救ってくれるでしょうか。

25 わたしたちの主イエス・キリストを通して神に感謝いたします。このように、わたし自身は心では神の律法に仕えていますが、肉では罪の法則に仕えているのです。

| | |
|---|---|
| 19 Instead of doing what I know is right, I do wrong. | wǒ suǒ yuàn yì de shàn wǒ bú qù zuò wǒ suǒ bú yuàn yì<br>19 我所愿意的善，我不去做；我所不愿意<br>de è wǒ fǎn ér qù zuò<br>的恶，我反而去做。 |
| 20 And so, if I don't do what I know is right, I am no longer the one doing these evil things. The sin that lives in me is what does them. | rú guǒ wǒ qù zuò wǒ bú yuàn yì zuò de jiù bú shì wǒ<br>20 如果我去做我不愿意做的，就不是我<br>zuò de ér shì zhù zài wǒ lǐ miàn de zuì zuò de<br>做的，而是住在我里面的罪做的。 |
| 21 The Law has shown me that something in me keeps me from doing what I know is right. | wǒ jué de yǒu gè lǜ jiù shì wǒ yuàn yì xíng shàn de shí<br>21 我觉得有个律，就是我愿意行善的时<br>hòu jiù yǒu è chán zhe wǒ<br>候，就有恶缠着我。 |
| 22 With my whole heart I agree with the Law of God. | yīn wèi àn zhe wǒ lǐ miàn de rén wǒ xǐ huanshàng dì<br>22 因为，按着我里面的人，我喜欢上帝<br>de lǜ<br>的律， |
| 23 But in every part of me I discover something fighting against my mind, and it makes me a prisoner of sin that controls everything I do. | dàn wǒ kàn chū zhī tǐ zhōng lìng yǒu gè lǜ hé wǒ nèi xīn de<br>23 但我看出肢体中另有个律和我内心的<br>lǜ jiāo zhàn bǎ wǒ lǔ qù shǐ wǒ fù cóng nà zhī tǐ<br>律交战，把我掳去，使我附从那肢体<br>zhōng zuì de lǜ<br>中罪的律。 |
| 24 What a miserable person I am. Who will rescue me from this body that is doomed to die? | wǒ zhēn kǔ à shuí néng jiù wǒ tuō lí zhè bì sǐ de shē<br>24 我真苦啊！谁能救我脱离这必死的身<br>tǐ ne<br>体呢？ |
| 25 Thank God! Jesus Christ will rescue me. So with my mind I serve the Law of God, although my selfish desires make me serve the law of sin. | gǎn xiè shàng dì kào zhe wǒ men de zhǔ yē sū jī dū jiù<br>25 感谢上帝，靠着我们的主耶稣基督就<br>néng zhè yàng kàn lái yī fāngmiàn wǒ nèi xīn shùn fú<br>能！这样看来，一方面，我内心顺服<br>shàng dì de lǜ lìng yī fāngmiàn ròu tǐ què shùn fú zuì<br>上帝的律，另一方面，肉体却顺服罪<br>de lǜ le<br>的律了。 |

# 제 8 장

## 생명의 성령의 법

1 그러므로 이제 그리스도 예수 안에 있는 자에게는 결코 정죄함이 없나니

2 이는 그리스도 예수 안에 있는 생명의 성령의 법이 죄와 사망의 법에서 [1]너를 해방하였음이라

3 율법이 육신으로 말미암아 연약하여 할 수 없는 그것을 하나님은 하시나니 곧 죄로 말미암아 자기 아들을 죄 있는 육신의 모양으로 보내어 육신에 죄를 정하사

4 육신을 따르지 않고 그 영을 따라 행하는 우리에게 율법의 요구가 이루어지게 하려 하심이니라

5 육신을 따르는 자는 육신의 일을, 영을 따르는 자는 영의 일을 생각하나니

6 육신의 생각은 사망이요 영의 생각은 생명과 평안이니라

7 육신의 생각은 하나님과 원수가 되나니 이는 하나님의 법에 굴복하지 아니할 뿐 아니라 할 수도 없음이라

8 육신에 있는 자들은 하나님을 기쁘시게 할 수 없느니라

# 第８章

## 霊による命

1 従って、今や、キリスト・イエスに結ばれている者は、罪に定められることはありません。

2 キリスト・イエスによって命をもたらす霊の法則が、罪と死との法則からあなたを解放したからです。

3 肉の弱さのために律法がなしえなかったことを、神はしてくださったのです。つまり、罪を取り除くために御子を罪深い肉と同じ姿でこの世に送り、その肉において罪を罪として処断されたのです。

4 それは、肉ではなく霊に従って歩むわたしたちの内に、律法の要求が満たされるためでした。

5 肉に従って歩む者は、肉に属することを考え、霊に従って歩む者は、霊に属することを考えます。

6 肉の思いは死であり、霊の思いは命と平和であります。

7 なぜなら、肉の思いに従う者は、神に敵対しており、神の律法に従っていないからです。従いえないのです。

8 肉の支配下にある者は、神に喜ばれるはずがありません。

1) 어떤 사본에, 나를

# Chapter 8

## Living by the Power of God's Spirit

1 If you belong to Christ Jesus,
you won't be punished.

2 The Holy Spirit will give you life that
comes from Christ Jesus and will
set you[l] free from sin and death.

3 The Law of Moses cannot do this,
because our selfish desires make
the Law weak. But God set you
free when he sent his own Son
to be like us sinners and to be a
sacrifice for our sin. God used
Christ's body to condemn sin.

4 He did this, so that we would do what
the Law commands by obeying the
Spirit instead of our own desires.

5 People who are ruled by their
desires think only of themselves.
Everyone who is ruled by the Holy
Spirit thinks about spiritual things.

6 If our minds are ruled by our
desires, we will die. But if our
minds are ruled by the Spirit,
we will have life and peace.

7 Our desires fight against God, because
they do not and cannot obey God's
laws.

8 If we follow our desires,
we cannot please God.

dì bā zhāng
# 第 8 章

zài shèng líng lǐ de shēng huó
## 在圣灵里的生活

rú jīn nà xiē zài jī dū yē sū lǐ de rén jiù bú bèi dìng
1 如今，那些在基督耶稣里的人就不被定
zuì le
罪了。

yīn wèi cì shēng mìng de shèng líng de lǜ zài jī dū yē sū
2 因为赐生命的圣灵的律，在基督耶稣
lǐ cóng zuì hé sǐ de lǜ zhōng bǎ nǐ shì fàng chū lái
里从罪和死的律中把你释放出来。

lǜ fǎ jì yīn ròu tǐ ruǎn ruò ér wú néng wéi lì shàng dì
3 律法既因肉体软弱而无能为力，上帝
jiù chāi qiǎn zì jǐ de ér zi chéng wéi zuì shēn de yàng zi
就差遣自己的儿子成为罪身的样子，
wèi le duì fù zuì zài ròu tǐ zhōng dìng le zuì
为了对付罪，在肉体中定了罪，

wèi yào shǐ lǜ fǎ yāo qiú de yì shí xiàn zài wǒ men zhè
4 为要使律法要求的义，实现在我们这
bù suí cóng ròu tǐ zhǐ suí cóng shèng líng qù xíng de rén shēn
不随从肉体、只随从圣灵去行的人身
shàng
上。

yīn wèi suí cóng ròu tǐ de rén tǐ tiē ròu tǐ de shì suí
5 因为，随从肉体的人体贴肉体的事；随
cóng shèng líng de rén tǐ tiē shèng líng de shì
从圣灵的人体贴圣灵的事。

tǐ tiē ròu tǐ jiù shì sǐ tǐ tiē shèng líng jiù shì shēng mìng
6 体贴肉体就是死；体贴圣灵就是生命
hé píng ān
和平安。

yīn wèi tǐ tiē ròu tǐ jiù shì yǔ shàng dì wéi dí duì shàng
7 因为体贴肉体就是与上帝为敌，对上
dì de lǜ fǎ bú shùn fú shì shí shàng yě wú fǎ shùn
帝的律法不顺服，事实上也无法顺
fú
服。

shǔ ròu tǐ de rén wú fǎ shǐ shàng dì xǐ yuè
8 属肉体的人无法使上帝喜悦。

l) you: Some manuscripts have "me."

9 만일 너희 속에 하나님의 영이 거하시면 너희가 육신에 있지 아니하고 영에 있나니 누구든지 그리스도의 영이 없으면 그리스도의 사람이 아니라

10 또 그리스도께서 너희 안에 계시면 몸은 죄로 말미암아 죽은 것이나 영은 의로 말미암아 [2]살아 있는 것이니라

11 예수를 죽은 자 가운데서 살리신 이의 영이 너희 안에 거하시면 그리스도 예수를 죽은 자 가운데서 살리신 이가 너희 안에 거하시는 그의 영으로 말미암아 너희 죽을 몸도 살리시리라

12 그러므로 형제들아 우리가 빚진 자로되 육신에게 져서 육신대로 살 것이 아니니라

13 너희가 육신대로 살면 반드시 죽을 것이로되 영으로써 몸의 행실을 죽이면 살리니

14 무릇 하나님의 영으로 인도함을 받는 사람은 곧 하나님의 아들이라

15 너희는 다시 무서워하는 종의 영을 받지 아니하고 양자의 영을 받았으므로 우리가 아빠 아버지라고 부르짖느니라

16 성령이 친히 우리의 영과 더불어 우리가 하나님의 자녀인 것을 증언하시나니

9 神の霊があなたがたの内に宿っているかぎり、あなたがたは、肉ではなく霊の支配下にいます。キリストの霊を持たない者は、キリストに属していません。

10 キリストがあなたがたの内におられるならば、体は罪によって死んでいても、"霊"は義によって命となっています。

11 もし、イエスを死者の中から復活させた方の霊が、あなたがたの内に宿っているなら、キリストを死者の中から復活させた方は、あなたがたの内に宿っているその霊によって、あなたがたの死ぬはずの体をも生かしてくださるでしょう。

12 それで、兄弟たち、わたしたちには一つの義務がありますが、それは、肉に従って生きなければならないという、肉に対する義務ではありません。

13 肉に従って生きるなら、あなたがたは死にます。しかし、霊によって体の仕業を絶つならば、あなたがたは生きます。

14 神の霊によって導かれる者は皆、神の子なのです。

15 あなたがたは、人を奴隷として再び恐れに陥れる霊ではなく、神の子とする霊を受けたのです。この霊によってわたしたちは、「アッバ、父よ」と呼ぶのです。

16 この霊こそは、わたしたちが神の子供であることを、わたしたちの霊と一緒になって証ししてくださいます。

2) 헬, 생명

9 You are no longer ruled by your desires, but by God's Spirit, who lives in you. People who don't have the Spirit of Christ in them don't belong to him.

10 But Christ lives in you. So you are alive because God has accepted you, even though your bodies must die because of your sins.

11 Yet God raised Jesus to life! God's Spirit now lives in you, and he will raise you to life by his Spirit.

12 My dear friends, we must not live to satisfy our desires.

13 If you do, you will die. But you will live, if by the help of God's Spirit you say "No" to your desires.

14 Only those people who are led by God's Spirit are his children.

15 God's Spirit doesn't make us slaves who are afraid of him. Instead, we become his children and call him our Father. m)

16 God's Spirit makes us sure that we are his children.

rú guǒ shàng dì de líng zhù zài nǐ men lǐ miàn nǐ men jiù
9 如果上帝的灵住在你们里面，你们就
bù shǔ ròu tǐ ér shì shǔ shèng líng le rén ruò méi yǒu
不属肉体，而是属圣灵了。人若没有
jī dū de líng jiù bú shì shǔ jī dū de
基督的灵，就不是属基督的。

jī dū ruò zài nǐ men lǐ miàn shēn tǐ jiù yīn zuì ér sǐ
10 基督若在你们里面，身体就因罪而死，
líng què yīn yì ér huó
灵却因义而活。

rán ér shǐ yē sū cóng sǐ rén zhōng fù huó de shàng dì de
11 然而，使耶稣从死人中复活的上帝的
líng ruò zhù zài nǐ men lǐ miàn nà shǐ jī dū cóng sǐ rén
灵若住在你们里面，那使基督从死人
zhōng fù huó de yě bì jiè zhe zhù zài nǐ men lǐ miàn de
中复活的，也必借着住在你们里面的
shèng líng shǐ nǐ men bì sǐ de shēn tǐ yòu huó guò lái
圣灵使你们必死的身体又活过来。

dì xiong men zhè yàng kàn lái wǒ men bú shì qiàn ròu tǐ
12 弟兄们，这样看来，我们不是欠肉体
de zhài qù shùn cóng ròu tǐ ér huó
的债去顺从肉体而活。

nǐ men ruò shùn cóng ròu tǐ huó zhe bì dìng huì sǐ ruò
13 你们若顺从肉体活着，必定会死；若
kào zhe shèng líng bǎ shēn tǐ de è xíng chú sǐ jiù bì cún
靠着圣灵把身体的恶行处死，就必存
huó
活。

yīn wèi fán bèi shàng dì de líng yǐn dǎo de dōu shì shàng dì de
14 因为凡被上帝的灵引导的都是上帝的
ér zi
儿子。

nǐ men suǒ lǐng shòu de bú shì nú pú de líng réng jiù hài
15 你们所领受的不是奴仆的灵，仍旧害
pà suǒ lǐng shòu de shì ér zǐ míng fèn de líng yīn cǐ wǒ
怕；所领受的是儿子名分的灵，因此我
men hū jiào ā bà fù
们呼叫："阿爸，父！"

shèng líng zì jǐ yǔ wǒ men de líng yì tóng jiàn zhèng wǒ men shì
16 圣灵自己与我们的灵一同见证我们是
shàng dì de ér nǚ
上帝的儿女。

m) our Father: The Greek text uses the Aramaic word "Abba" (meaning "father"), which shows the close relation between the children and their father.

17 자녀이면 또한 상속자 곧 하나님의
상속자요 그리스도와 함께 한 상속자니
우리가 그와 함께 영광을 받기 위하여
고난도 함께 받아야 할 것이니라

**모든 피조물이 구원을 고대하다**

18 생각하건대 현재의 고난은 장차 우리에게
나타날 영광과 비교할 수 없도다

19 피조물이 고대하는 바는 하나님의
아들들이 나타나는 것이니

20 피조물이 허무한 데 굴복하는 것은 자기
뜻이 아니요 오직 굴복하게 하시는 이로
말미암음이라

21 그 바라는 것은 피조물도 썩어짐의 종
노릇 한 데서 해방되어 하나님의 자녀들의
영광의 자유에 이르는 것이니라

22 피조물이 다 이제까지 함께 탄식하며 함께
고통을 겪고 있는 것을 우리가 아느니라

23 그뿐 아니라 또한 우리 곧 성령의 처음
익은 열매를 받은 우리까지도 속으로
탄식하여 양자 될 것 곧 우리 몸의 속량을
기다리느니라

24 우리가 소망으로 구원을 얻었으매 보이는
소망이 소망이 아니니 보는 것을 누가
바라리요

17 もし子供であれば、相続人でもありま
す。神の相続人、しかもキリストと共同
の相続人です。キリストと共に苦しむな
ら、共にその栄光をも受けるからです。

**将来の栄光**

18 現在の苦しみは、将来わたしたちに現さ
れるはずの栄光に比べると、取るに足り
ないとわたしは思います。

19 被造物は、神の子たちの現れるのを切に
待ち望んでいます。

20 被造物は虚無に服していますが、それ
は、自分の意志によるものではなく、服
従させた方の意志によるものであり、同
時に希望も持っています。

21 つまり、被造物も、いつか滅びへの隷属
から解放されて、神の子供たちの栄光に
輝く自由にあずかれるからです。

22 被造物がすべて今日まで、共にうめき、
共に産みの苦しみを味わっていること
を、わたしたちは知っています。

23 被造物だけでなく、"霊"の初穂をいただい
ているわたしたちも、神の子とされるこ
と、つまり、体の贖われることを、心の
中でうめきながら待ち望んでいます。

24 わたしたちは、このような希望によって
救われているのです。見えるものに対す
る希望は希望ではありません。現に見て
いるものをだれがなお望むでしょうか。

17 His Spirit lets us know that together
with Christ we will be given what
God has promised. We will also
share in the glory of Christ, because
we have suffered with him.

**A Wonderful Future for God's People**

18 I am sure that what we are suffering
now cannot compare with the glory
that will be shown to us.

19 In fact, all creation is eagerly waiting
for God to show who his children are.

20 Meanwhile, creation is confused, but
not because it wants to be confused.
God made it this way in the hope

21 that creation would be set free
from decay and would share in the
glorious freedom of his children.

22 We know that all creation is still
groaning and is in pain, like a
woman about to give birth.

23 The Spirit makes us sure about
what we will be in the future. But
now we groan silently, while we
wait for God to show that we are
his children. [n)] This means that
our bodies will also be set free.

24 And this hope is what saves us. But
if we already have what we hope for,
there is no need to keep on hoping.

ruò shì ér nǚ jiù shì hòu sì shì shàng dì de hòu
17 若是儿女，就是后嗣，是上帝的后
sì hé jī dū tong zuò hòu sì rú guǒ wǒ men hé tā
嗣，和基督同作后嗣。如果我们和他
yì tóng shòu kǔ shì yào wǒ men hé tā yì tóng dé róng
一同受苦，是要我们和他一同得荣
yào
耀。

jiāng lái de róng yào
**将来的荣耀**

wǒ rèn wéi xiàn zài de kú chǔ ruò bǐ qǐ jiāng lái yào
18 我认为，现在的苦楚，若比起将来要
xiǎn shì gěi wǒ men de róng yào shì bù zú jiè yì de
显示给我们的荣耀，是不足介意的。

shòu zào zhī wù qiè wàng děng hòu shàng dì de zhòng zǐ xiǎn chū
19 受造之物切望等候上帝的众子显出
lái
来。

yīn wèi shòu zào zhī wù qū fú zài xū kōng zhī xià bú shì
20 因为受造之物屈服在虚空之下，不是
~
zì jǐ yuàn yì ér shì yīn nà shǐ tā qū fú de jiào tā
21 自己愿意，而是因那使它屈服的叫他
rú cǐ dàn shòu zào zhī wù réng rán zhǐ wàng cóng bài huài de
如此。但受造之物仍然指望从败坏的
xiá zhì xià dé shì fàng dé xiǎng shàng dì ér nǚ róng yào de
辖制下得释放，得享上帝儿女荣耀的
zì yóu
自由。

wǒ men zhī dào yí qiè shòu zào zhī wù yì tóng shēn yín
22 我们知道，一切受造之物一同呻吟，
yì tóng rěn shòu zhèn tòng zhí dào rú jīn
一同忍受阵痛，直到如今。

bú dàn rú cǐ jiù shì wǒ men zhè yǒu shèng líng zuò chū shú
23 不但如此，就是我们这有圣灵作初熟
guǒ zi de yě shì zì jǐ nèi xīn shēn yín děng hòu dé
果子的，也是自己内心呻吟，等候得
zhe ér zi de míng fēn jiù shì wǒ men de shēn tǐ dé jiù
着儿子的名分，就是我们的身体得救
shú
赎。

wǒ men dé jiù shì zài yú pàn wàng kě shì kàn dé jiàn de pàn
24 我们得救是在于盼望；可是看得见的盼
wàng jiù bú shì pàn wàng shuí hái qù pàn wàng tā suǒ kàn dé
望就不是盼望。谁还去盼望他所看得
jiàn de ne
见的呢？

n) to show that we are his children: These words are not in some manuscripts. The translation of the remainder of the verse would then read, "while we wait for God to set our bodies free."

25 만일 우리가 보지 못하는 것을 바라면
참음으로 기다릴지니라

26 이와 같이 성령도 우리의 연약함을
도우시나니 우리는 마땅히 기도할
바를 알지 못하나 오직 성령이 말할
수 없는 탄식으로 우리를 위하여 친히
간구하시느니라

27 마음을 살피시는 이가 성령의 생각을
아시나니 이는 성령이 하나님의 뜻대로
성도를 위하여 간구하심이니라

28 우리가 알거니와 하나님을 사랑하는 자 곧
그의 뜻대로 부르심을 입은 자들에게는
[3]모든 것이 합력하여 선을 이루느니라

29 하나님이 미리 아신 자들을 또한 그
아들의 형상을 본받게 하기 위하여 미리
정하셨으니 이는 그로 많은 형제 중에서
맏아들이 되게 하려 하심이니라

30 또 미리 정하신 그들을 또한 부르시고
부르신 그들을 또한 의롭다 하시고 의롭다
하신 그들을 또한 영화롭게 하셨느니라

**그리스도의 사랑 하나님의 사랑**

31 그런즉 이 일에 대하여 우리가 무슨 말
하리요 만일 하나님이 우리를 위하시면
누가 우리를 대적하리요

25 わたしたちは、目に見えないものを望ん
でいるなら、忍耐して待ち望むのです。

26 同様に、“霊”も弱いわたしたちを助けてく
ださいます。わたしたちはどう祈るべき
かを知りませんが、“霊”自らが、言葉に表
せないうめきをもって執り成してくださ
るからです。

27 人の心を見抜く方は、“霊”の思いが何であ
るかを知っておられます。“霊”は、神の御
心に従って、聖なる者たちのために執り
成してくださるからです。

28 神を愛する者たち、つまり、御計画に従
って召された者たちには、万事が益とな
るように共に働くということを、わたし
たちは知っています。

29 神は前もって知っておられた者たちを、
御子の姿に似たものにしようとあらかじ
め定められました。それは、御子が多く
の兄弟の中で長子となられるためです。

30 神はあらかじめ定められた者たちを召し
出し、召し出した者たちを義とし、義と
された者たちに栄光をお与えになったの
です。

**神の愛**

31 では、これらのことについて何と言った
らよいだろうか。もし神がわたしたちの
味方であるならば、だれがわたしたちに
敵対できますか。

3) 어떤 사본에, 하나님이 모든 것을 합하여 선을 이루시느니라

25 However, we hope for something
we have not yet seen, and
we patiently wait for it.

26 In certain ways we are weak, but the
Spirit is here to help us. For example,
when we don't know what to pray
for, the Spirit prays for us in ways
that cannot be put into words.

27 All of our thoughts are known to
God. He can understand what is
in the mind of the Spirit, as the
Spirit prays for God's people.

28 We know that God is always at
work for the good of everyone who
loves him. [o)] They are the ones
God has chosen for his purpose,

29 and he has always known who
his chosen ones would be. He had
decided to let them become like
his own Son, so that his Son would
be the first of many children.

30 God then accepted the people he
had already decided to choose, and
he has shared his glory with them.

**God's Love**

31 What can we say about all this?
If God is on our side, can anyone
be against us?

dàn wǒ men ruò pàn wàng nà kàn bú jiàn de wǒ men jiù nài
25 但我们若盼望那看不见的，我们就耐
xīn děng hòu
心等候。

tóng yàng wǒ men de ruǎn ruò yǒu shèng líng bāng zhù wǒ men
26 同样，我们的软弱有圣灵帮助。我们
běn bù zhī dào dāng zěn yàng dǎo gào dàn shì shèng líng qīn zì
本不知道当怎样祷告，但是圣灵亲自
yòng wú kě yán yù de tàn xī tì wǒ men qí qiú
用无可言喻的叹息替我们祈求。

nà jiàn chá rén xīn de zhī dào shèng líng suǒ tǐ tiē de
27 那鉴察人心的知道圣灵所体贴的，
yīn wèi shèng líng zhào zhe shàng dì de zhǐ yì tì shèng tú qí
因为圣灵照着上帝的旨意替圣徒祈
qiú
求。

wǒ men zhī dào wàn shì dōu hù xiāng xiào lì jiào ài shàng
28 我们知道，万事都互相效力，叫爱上
dì de rén dé yì chu jiù shì àn tā zhǐ yì bèi zhào de
帝的人得益处，就是按他旨意被召的
rén
人。

yīn wèi tā suǒ yù zhī de rén tā yě yù dìng tā men xiào fǎ
29 因为他所预知的人，他也预定他们效法
tā ér zi de bǎng yàng shǐ tā ér zi zài xǔ duō dì xiong
他儿子的榜样，使他儿子在许多弟兄
zhōng zuò zhǎng zǐ
中作长子。

tā suǒ yù dìng de rén tā yòu zhào tā men lái suǒ zhào lái
30 他所预定的人，他又召他们来；所召来
de rén tā yòu chēng tā men wéi yì suǒ chēng wéi yì de
的人，他又称他们为义；所称为义的
rén tā yòu jiào tā men dé róng yào
人，他又叫他们得荣耀。

bù néng gé jué de ài
**不能隔绝的爱**

jì shì zhè yàng wǒ men duì zhè xiē shì hái yǒu shén me shuō
31 既是这样，我们对这些事还有什么说
de ne shàng dì ruò bāng zhù wǒ men shuí néng dǐ dǎng wǒ
的呢？上帝若帮助我们，谁能抵挡我
men ne
们呢？

o) God is always at work for the good of everyone who loves him: Or "All things work for the good of everyone who loves God" or "God's Spirit always works for the good of everyone who loves God."

32 자기 아들을 아끼지 아니하시고 우리
모든 사람을 위하여 내주신 이가 어찌 그
아들과 함께 모든 것을 우리에게 주시지
아니하겠느냐

33 누가 능히 하나님께서 택하신 자들을
고발하리요 의롭다 하신 이는
하나님이시니

34 누가 정죄하리요 죽으실 뿐 아니라 다시
살아나신 이는 그리스도 예수시니 그는
하나님 우편에 계신 자요 우리를 위하여
간구하시는 자시니라

35 누가 우리를 그리스도의 사랑에서
끊으리요 환난이나 곤고나 박해나
기근이나 적신이나 위험이나 칼이랴

36 기록된 바 [ㄱ]우리가 종일 주를 위하여
죽임을 당하게 되며 도살 당할 양 같이
여김을 받았나이다 함과 같으니라

37 그러나 이 모든 일에 우리를 사랑하시는
이로 말미암아 우리가 넉넉히 이기느니라

38 내가 확신하노니 사망이나 생명이나
천사들이나 권세자들이나 현재 일이나
장래 일이나 능력이나

39 높음이나 깊음이나 다른 어떤
피조물이라도 우리를 우리 주 그리스도
예수 안에 있는 하나님의 사랑에서 끊을 수
없으리라

32 わたしたちすべてのために、その御子を
さえ惜しまず死に渡された方は、御子と
一緒にすべてのものをわたしたちに賜ら
ないはずがありましょうか。

33 だれが神に選ばれた者たちを訴えるでし
ょう。人を義としてくださるのは神なの
です。

34 だれがわたしたちを罪に定めることがで
きましょう。死んだ方、否、むしろ、復
活させられた方であるキリスト・イエス
が、神の右に座っていて、わたしたちの
ために執り成してくださるのです。

35 だれが、キリストの愛からわたしたちを
引き離すことができましょう。艱難か。
苦しみか。迫害か。飢えか。裸か。危険
か。剣か。

36 「わたしたちは、あなたのために一日中
死にさらされ、屠られる羊のように見ら
れている」と書いてあるとおりです。

37 しかし、これらすべてのことにおいて、わ
たしたちは、わたしたちを愛してくださる
方によって輝かしい勝利を収めています。

38 わたしは確信しています。死も、命も、
天使も、支配するものも、現在のもの
も、未来のものも、力あるものも、

39 高い所にいるものも、低い所にいるもの
も、他のどんな被造物も、わたしたちの
主キリスト・イエスによって示された神
の愛から、わたしたちを引き離すことは
できないのです。

ㄱ) 시 44:22

32 God did not keep back his own Son, but he gave him for us. If God did this, won't he freely give us everything else?

33 If God says his chosen ones are acceptable to him, can anyone bring charges against them?

34 Or can anyone condemn them? No indeed! Christ died and was raised to life, and now he is at God's right side, [p)] speaking to him for us.

35 Can anything separate us from the love of Christ? Can trouble, suffering, and hard times, or hunger and nakedness, or danger and death?

36 It is exactly as the Scriptures say, "For you we face death all day long. We are like sheep on their way to be butchered."

37 In everything we have won more than a victory because of Christ who loves us.

38 I am sure that nothing can separate us from God's love--not life or death, not angels or spirits, not the present or the future,

39 and not powers above or powers below. Nothing in all creation can separate us from God's love for us in Christ Jesus our Lord!

shàng dì jì bú gù xī zì jǐ de ér zi wèi wǒ menzhòng
32 上帝既不顾惜自己的儿子，为我们 众
rén shě le tā qǐ bù yě bǎ wàn wù hé tā yì tóng bái
人舍了他，岂不也把万物和他一同白
bái dì cì gěi wǒ men ma
白地赐给我们吗?

shuí néngkòng gào shàng dì suǒ jiǎn xuǎn de rén ne yǒu shàng
33 谁能控告上帝所拣选的人呢？ 有上
dì chēng tā men wéi yì le
帝称他们为义了。

shuí néngdìng tā men de zuì ne yǒu jī dū yē sū yǐ jīng
34 谁能定他们的罪呢？ 有基督耶稣已经
sǐ le ér qiě fù huó le xiàn jīn zài shàng dì de yòu
死了，而且复活了，现今在上帝的右
bian yě tì wǒ men qí qiú
边，也替我们祈求。

shuí néng shǐ wǒ men yǔ jī dū de ài gé jué ne nán dào
35 谁能使我们与基督的爱隔绝呢？ 难道
shì huàn nán ma shì kùn kǔ ma shì pò hài ma shì
是患难吗？ 是困苦吗？ 是迫害吗？ 是
jī è ma shì chì shēn lù tǐ ma shì wēi xiǎn ma
饥饿吗？ 是赤身露体吗？ 是危险吗？
shì dāo jiàn ma
是刀剑吗?

rú jīng shàng suǒ jì wǒ men wèi nǐ de yuán gù zhōng rì bèi
36 如经上所记:我们为你的缘故终日被
shā rén kàn wǒ men rú jiāng zǎi de yáng
杀;人看我们如将宰的羊。

rán ér kào zhe ài wǒ men de zhǔ zài zhè yí qiè de shì
37 然而，靠着爱我们的主，在这一切的事
shàng wǒ men yǐ jīng dé shèng yǒu yú le
上，我们已经得胜有余了。

yīn wèi wǒ shēn xìn wú lùn shì sǐ shì huó shì tiān
38 因为我深信，无论是死，是活，是天
shǐ shì zhǎngquán de shì yǒu quánnéng de shì xiàn zài
使，是掌权的，是有权能的，是现在
de shì shì jiāng lái de shì
的事，是将来的事，

shì gāo chù de shì shēn chù de shì bié de shòu zào zhī
39 是高处的，是深处的，是别的受造之
wù dōu bù néng shǐ wǒ men yǔ shàng dì de ài gé jué
物，都不能使我们与上帝的爱隔绝，
zhè ài shì zài wǒ men de zhǔ jī dū yē sū lǐ de
这爱是在我们的主基督耶稣里的。

p) right side: The place of power and honor.

# 제 9 장

### 약속의 자녀 약속의 말씀

1 내가 그리스도 안에서 참말을 하고
거짓말을 아니하노라 나에게 큰 근심이
2 있는 것과 마음에 그치지 않는 고통이
있는 것을 내 양심이 성령 안에서 나와
더불어 증언하노니

3 나의 형제 곧 골육의 친척을 위하여 내
자신이 저주를 받아 그리스도에게서
끊어질지라도 원하는 바로라

4 그들은 이스라엘 사람이라 그들에게는
양자 됨과 영광과 언약들과 율법을 세우신
것과 예배와 약속들이 있고

5 조상들도 그들의 것이요 육신으로 하면
그리스도가 그들에게서 나셨으니 [1)]그는
만물 위에 계셔서 세세에 찬양을 받으실
하나님이시니라 아멘

6 그러나 하나님의 말씀이 폐하여진 것 같지
않도다 이스라엘에게서 난 그들이 다
이스라엘이 아니요

7 또한 아브라함의 씨가 다 그의 자녀가
아니라 [ㄱ)]오직 이삭으로부터 난 자라야 네
씨라 불리리라 하셨으니

8 곧 육신의 자녀가 하나님의 자녀가 아니요
오직 약속의 자녀가 씨로 여기심을
받느니라

# 第９章

### イスラエルの選び

1 わたしはキリストに結ばれた者として真実
を語り、偽りは言わない。わたしの良心も
聖霊によって証ししていることですが、

2 わたしには深い悲しみがあり、わたしの心
には絶え間ない痛みがあります。

3 わたし自身、兄弟たち、つまり肉による同
胞のためならば、キリストから離され、神
から見捨てられた者となってもよいとさえ
思っています。

4 彼らはイスラエルの民です。神の子として
の身分、栄光、契約、律法、礼拝、約束は
彼らのものです。

5 先祖たちも彼らのものであり、肉によれば
キリストも彼らから出られたのです。キリ
ストは、万物の上におられる、永遠にほめ
たたえられる神、アーメン。

6 ところで、神の言葉は決して効力を失った
わけではありません。イスラエルから出た
者が皆、イスラエル人ということにはなら
ず、

7 また、アブラハムの子孫だからといって、
皆がその子供ということにはならない。か
えって、「イサクから生まれる者が、あな
たの子孫と呼ばれる。」

8 すなわち、肉による子供が神の子供なので
はなく、約束に従って生まれる子供が、子
孫と見なされるのです。

1) 또는 만물 위에 계신 하나님께 세세에 찬양이 있으리로다
ㄱ) 창 21:12

# Chapter 9

## God's Choice of Israel

1 I am a follower of Christ, and the Holy Spirit is a witness to my conscience. So I tell the truth and I am not lying when I say

2 my heart is broken and I am in great sorrow.

3 I would gladly be placed under God's curse and be separated from Christ for the good of my own people.

4 They are the descendants of Israel, and they are also God's chosen people. God showed them his glory. He made agreements with them and gave them his Law. The temple is theirs and so are the promises that God made to them.

5 They have those famous ancestors, who were also the ancestors of Jesus Christ. I pray that God, who rules over all, will be praised forever! [q] Amen.

6 It cannot be said that God broke his promise. After all, not all of the people of Israel are the true people of God.

7~8 In fact, when God made the promise to Abraham, he meant only Abraham's descendants by his son Isaac. God was talking only about Isaac when he promised

dì jiǔ zhāng
# 第 9 章

shàng dì jiǎn xuǎn yǐ sè liè rén
## 上帝拣选以色列人

wǒ zài jī dū lǐ shuō zhēn huà bù shuō huǎng huà wǒ de
1 我在基督里说真话，不说谎话；我的
liáng xīn bèi shèng líng gǎn dòng wèi wǒ zuò zhèng
良心被圣灵感动为我作证。

wǒ fēi cháng yōu chóu xīn lǐ shí cháng shāng tòng
2 我非常忧愁，心里时常伤痛。

wèi wǒ dì xiong wǒ gǔ ròu zhī qīn jiù shì zì jǐ bèi zǔ
3 为我弟兄，我骨肉之亲，就是自己被诅
zhòu yǔ jī dū fēn lí wǒ yě yuàn yì
咒，与基督分离，我也愿意。

tā men shì yǐ sè liè rén nà ér zi de míng fèn róng
4 他们是以色列人，那儿子的名分、荣
yào zhū yuē lǜ fǎ de bān bù jìng bài de lǐ yí
耀、诸约、律法的颁布、敬拜的礼仪、
yīng xǔ dōu shì gěi tā men de
应许都是给他们的。

liè zǔ shì tā men de jī dū àn ròu tǐ shuō yě shì cóng
5 列祖是他们的，基督按肉体说也是从
tā men chū lái de yuàn zài wàn yǒu zhī shàng de shàng dì bèi
他们出来的。愿在万有之上的上帝被
chēng sòng zhí dào yǒng yuǎn ā men
称颂，直到永远。阿们！

zhè bú shì shuō shàng dì de huà luò le kōng yīn wèi cóng yǐ
6 这不是说上帝的话落了空。因为从以
sè liè shēng de bù dōu shì yǐ sè liè rén
色列生的不都是以色列人，

yě bù yīn wèi shì yà bó lā hǎn de hòu yì jiù dōu shì tā de
7 也不因为是亚伯拉罕的后裔就都是他的
ér nǚ wéi dú cóng yǐ sā shēng de cái yào chēng wéi nǐ de
儿女；惟独"从以撒生的才要称为你的
hòu yì
后裔。"

zhè jiù shì shuō ròu shēn suǒ shēng de ér nǚ bú shì shàng dì
8 这就是说，肉身所生的儿女不是上帝
de ér nǚ wéi dú nà yīng xǔ de ér nǚ cái suàn shì hòu
的儿女，惟独那应许的儿女才算是后
yì
裔。

q) Christ. I pray that God, who rules over all, will be praised forever: Or "Christ, who rules over all. I pray that God will be praised forever" or "Christ. And I pray that Christ, who is God and rules over all, will be praised forever."

9 약속의 말씀은 이것이니 [ㄴ)]명년 이 때에
내가 이르리니 사라에게 아들이 있으리라
하심이라

10 그뿐 아니라 또한 리브가가 우리 조상 이삭
한 사람으로 말미암아 임신하였는데

11 그 자식들이 아직 나지도 아니하고 무슨
선이나 악을 행하지 아니한 때에 택하심을
따라 되는 하나님의 뜻이 행위로 말미암지
않고 오직 부르시는 이로 말미암아 서게
하려 하사

12 [ㄷ)]리브가에게 이르시되 큰 자가 어린 자를
섬기리라 하셨나니

13 기록된 바 [ㄹ)]내가 야곱은 사랑하고 에서는
미워하였다 하심과 같으니라

14 그런즉 우리가 무슨 말을 하리요 하나님께
불의가 있느냐 그럴 수 없느니라

15 모세에게 이르시되 [ㅁ)]내가 긍휼히 여길
자를 긍휼히 여기고 불쌍히 여길 자를
불쌍히 여기리라 하셨으니

16 그런즉 원하는 자로 말미암음도 아니요
달음박질하는 자로 말미암음도 아니요
오직 긍휼히 여기시는 하나님으로
말미암음이니라

17 성경이 바로에게 이르시되 [ㅂ)]내가 이 일을
위하여 너를 세웠으니 곧 너로 말미암아 내
능력을 보이고 내 이름이 온 땅에 전파되게
하려 함이라 하셨으니

18 그런즉 하나님께서 하고자 하시는 자를
긍휼히 여기시고 하고자 하시는 자를
완악하게 하시느니라

9 約束の言葉は、「来年の今ごろに、わたし
は来る。そして、サラには男の子が生まれ
る」というものでした。

10 それだけではなく、リベカが、一人の人、
つまりわたしたちの父イサクによって身ご
もった場合にも、同じことが言えます。

11 -

12 その子供たちがまだ生まれもせず、善いこ
とも悪いこともしていないのに、「兄は
弟に仕えるであろう」とリベカに告げら
れました。それは、自由な選びによる神の
計画が人の行いにはよらず、お召しになる
方によって進められるためでした。

13 「わたしはヤコブを愛し、エサウを憎ん
だ」と書いてあるとおりです。

14 では、どういうことになるのか。神に不義
があるのか。決してそうではない。

15 神はモーセに、「わたしは自分が憐れもう
と思う者を憐れみ、慈しもうと思う者を慈
しむ」と言っておられます。

16 従って、これは、人の意志や努力ではな
く、神の憐れみによるものです。

17 聖書にはファラオについて、「わたしがあ
なたを立てたのは、あなたによってわたし
の力を現し、わたしの名を全世界に告げ知
らせるためである」と書いてあります。

18 このように、神は御自分が憐れみたいと
思う者を憐れみ、かたくなにしたいと思
う者をかたくなにされるのです。

ㄴ) 창 18:10
ㄷ) 창 25:23
ㄹ) 말 1:2 이하
ㅁ) 출 33:19
ㅂ) 출 9:16

9 Sarah, "At this time next year I will return, and you will already have a son."

10 Don't forget what happened to the twin sons of Isaac and Rebekah.

11
~
12 Even before they were born or had done anything good or bad, the Lord told Rebekah that her older son would serve the younger one. The Lord said this to show that he makes his own choices and that it wasn't because of anything either of them had done.

13 That's why the Scriptures say that the Lord liked Jacob more than Esau.

14 Are we saying that God is unfair? Certainly not!

15 The Lord told Moses that he has pity and mercy on anyone he wants to.

16 Everything then depends on God's mercy and not on what people want or do.

17 In the Scriptures the Lord says to Pharaoh of Egypt, "I let you become king, so that I could show you my power and be praised by all people on earth."

18 Everything depends on what God decides to do, and he can either have pity on people or make them stubborn.

yīn wèi suǒ yīng xǔ de huà shì zhè yàng dào míng nián zhè shí
9 因为所应许的话是这样:“到明年这时
hou wǒ yào lái sā lā huì shēng yí gè ér zi
候我要来，撒拉会生一个儿子。”

bú dàn rú cǐ lì bǎi jiā yě shì zhè yàng tā cóng yí
10 不但如此，利百加也是这样。她从一
gè rén jiù shì cóng wǒ men de zǔ zong yǐ sā huái le
个人，就是从我们的祖宗以撒怀了
yùn
孕。

shuāng bāo tāi hái méi yǒu shēng xià lái shàn è hái méi yǒu xing
11 双胞胎还没有生下来，善恶还没有行
chū lái wèi yào guàn chè shàng dì jiǎn xuǎn ré de zhǐ yì
出来，为要贯彻上帝拣选人的旨意，
bú shì píng zhe rén de xíng wéi ér shì píng zhe nà hū zhào
不是凭着人的行为，而是凭着那呼召
rén de
人的，

shàng dì jiù duì lì bǎi jiā shuō jiāng lái dà de yào fú
12 上帝就对利百加说:“将来，大的要服
shì xiǎo de
侍小的。”

zhèng rú jīng shàng suǒ jì yǎ gè shì wǒ suǒ ài de yǐ
13 正如经上所记:“雅各是我所爱的;以
sǎo shì wǒ suǒ wù de
扫是我所恶的。”

zhè yàng wǒ men zěn me shuō ne nán dào shàng dì yǒu shén
14 这样，我们怎么说呢? 难道上帝有什
me bù gōng píng ma jué duì méi yǒu
么不公平吗? 绝对没有!

yīn tā duì mó xī shuō wǒ yào lián mǐn shuí jiù lián mǐn shuí
15 因他对摩西说:我要怜悯谁就怜悯谁，
yào ēn dài shuí jiù ēn dài shuí
要恩待谁就恩待谁。

yóu cǐ kàn lái zhè bú kào rén de yì yuàn yě bú kào rén
16 由此看来，这不靠人的意愿，也不靠人
de nǔ lì zhǐ kào shàng dì de lián mǐn
的努力，只靠上帝的怜悯。

yīn wèi jīng shàng yǒu huà duì fǎ lǎo shuō wǒ jiāng nǐ xīng qǐ
17 因为经上有话对法老说:“我将你兴起
lái tè yào zài nǐ shēn shàng zhāng xiǎn wǒ de quán néng wéi
来，特要在你身上彰显我的权能，为
yào shǐ wǒ de míng chuán biàn tiān xià
要使我的名传遍天下。”

yóu cǐ kàn lái shàng dì yào lián mǐn shuí jiù lián mǐn shuí yào
18 由此看来，上帝要怜悯谁就怜悯谁，要
shǐ shuí gāng yìng jiù shǐ shuí gāng yìng
使谁刚硬就使谁刚硬。

### 하나님의 진노와 긍휼

19 혹 네가 내게 말하기를 그러면 하나님이
어찌하여 허물하시느냐 누가 그 뜻을
대적하느냐 하리니

20 이 사람아 네가 누구이기에 감히 하나님께
반문하느냐 지음을 받은 물건이 지은
자에게 어찌 나를 이같이 만들었느냐
말하겠느냐

21 토기장이가 진흙 한 덩이로 하나는 귀히 쓸
그릇을, 하나는 천히 쓸 그릇을 만들 권한이
없느냐

22 만일 하나님이 그의 진노를 보이시고
그의 능력을 알게 하고자 하사 멸하기로
준비된 진노의 그릇을 오래 참으심으로
관용하시고

23 또한 영광 받기로 예비하신 바 긍휼의
그릇에 대하여 그 영광의 풍성함을 알게
하고자 하셨을지라도 무슨 말을 하리요

24 이 그릇은 우리니 곧 유대인 중에서뿐
아니라 이방인 중에서도 부르신 자니라

25 호세아의 글에도 이르기를 [ㅅ)]내가 내 백성
아닌 자를 내 백성이라, 사랑하지 아니한
자를 사랑한 자라 부르리라

### 神の怒りと憐れみ

19 ところで、あなたは言うでしょう。「で
はなぜ、神はなおも人を責められるのだ
ろうか。だれが神の御心に逆らうことが
できようか」と。

20 人よ、神に口答えするとは、あなたは何
者か。造られた物が造った者に、「どう
してわたしをこのように造ったのか」と
言えるでしょうか。

21 焼き物師は同じ粘土から、一つを貴いこと
に用いる器に、一つを貴くないことに用い
る器に造る権限があるのではないか。

22 神はその怒りを示し、その力を知らせよ
うとしておられたが、怒りの器として滅
びることになっていた者たちを寛大な心
で耐え忍ばれたとすれば、

23 それも、憐れみの器として栄光を与えよ
うと準備しておられた者たちに、御自分
の豊かな栄光をお示しになるためであっ
たとすれば、どうでしょう。

24 神はわたしたちを憐れみの器として、ユ
ダヤ人からだけでなく、異邦人の中から
も召し出してくださいました。

25 ホセアの書にも、次のように述べられて
います。「わたしは、自分の民でない者
をわたしの民と呼び、愛されなかった者
を愛された者と呼ぶ。

ㅅ) 호 2:23

## God's Anger and Mercy

19 Someone may ask, "How can God
blame us, if he makes us behave
in the way he wants us to?"

20 But, my friend, I ask, "Who do you
think you are to question God? Does
the clay have the right to ask the potter
why he shaped it the way he did?

21 Doesn't a potter have the right to
make a fancy bowl and a plain bowl
out of the same lump of clay?"

22 God wanted to show his anger and
reveal his power against everyone
who deserved to be destroyed. But
instead, he patiently put up with them.

23 He did this by showing how glorious
he is when he has pity on the people
he has chosen to share in his glory.

24 Whether Jews or Gentiles, we are
those chosen ones,

25 just as the Lord says in the book
of Hosea, "Although they are not
my people, I will make them my
people. I will treat with love those
nations that have never been loved.

shàng dì de fèn nù hé lián mǐn
## 上帝的愤怒和怜悯

zhè yàng nǐ huì duì wǒ shuō nà me tā wèi shén me hái
19 这样，你会对我说:“那么，他为什么还
zhǐ zé rén ne yǒu shuí néng kàng jù tā de zhǐ yì ne
指责人呢？有谁能抗拒他的旨意呢?”

nǐ zhè ge rén nǎ nǐ shì shuí jìng gǎn xiàng shàng dì dǐng
20 你这个人哪，你是谁，竟敢向上帝顶
zuǐ ne shòu zào zhī wù qǐ néng duì zào tā de shuō nǐ
嘴呢？受造之物岂能对造他的说:“你
wèi shén me bǎ wǒ zào chéng zhè yàng ne
为什么把我造成这样呢?”

nán dào yáo jiàng méi yǒu quán cóng yì tuán ní lǐ ná yí kuài zuò
21 难道窑匠没有权从一团泥里拿一块做
chéng guì zhòng de qì mǐn yòu ná yí kuài zuò chéng bēi jiàn
成贵重的器皿，又拿一块做成卑贱
de qì mǐn ma
的器皿吗?

tǎng ruò shàng dì yào xiǎn míng tā de fèn nù zhāng xiǎn tā de
22 倘若上帝要显明他的愤怒，彰显他的
quán néng nán dào bù kě duō duō rěn nài kuān róng nà yīng shòu
权能，难道不可多多忍耐宽容那应受
fèn nù yù bèi zāo huǐ miè de qì mǐn ma
愤怒、预备遭毁灭的器皿吗?

zhè shì wèi le yào bǎ tā fēng shèng de róng yào zhāng xiǎn zài nà
23 这是为了要把他丰盛的荣耀彰显在那
méng lián mǐn zǎo yù bèi dé róng yào de qì mǐn shàng
蒙怜悯、早预备得荣耀的器皿上。

zhè qì mǐn yě jiù shì wǒ men zhè xiē méng shàng dì suǒ zhào
24 这器皿也就是我们这些蒙上帝所召
de bú dàn shì cóng yóu tài rén zhōng yě shì cóng wài bāng
的，不但是从犹太人中，也是从外邦
rén zhōng zhào lái de
人中召来的。

zhèng rú shàng dì zài hé xī ā shū shū shàng nà běn lái bú
25 正如上帝在何西阿书上说:那本来不
shì wǒ zǐ mín de wǒ yào chēng wéi wǒ de zǐ mín běn
是我子民的，我要称为“我的子民”;本
lái bú shì méng ài de wǒ yào chēng wéi méng ài de
来不是蒙爱的，我要称为“蒙爱的”。

26 ㅇ)너희는 내 백성이 아니라 한 그 곳에서
그들이 살아 계신 하나님의 아들이라
일컬음을 받으리라 함과 같으니라

27 또 이사야가 이스라엘에 관하여 외치되
ㅈ)이스라엘 자손들의 수가 비록 바다의
모래 같을지라도 남은 자만 구원을
받으리니

28 주께서 땅 위에서 그 말씀을 이루고 속히
시행하시리라 하셨느니라

29 또한 이사야가 미리 말한 바 ㅊ)만일
만군의 주께서 우리에게 씨를 남겨 두지
아니하셨더라면 우리가 소돔과 같이 되고
고모라와 같았으리로다 함과 같으니라

**믿음에서 난 의**

30 그런즉 우리가 무슨 말을 하리요 의를
따르지 아니한 이방인들이 의를 얻었으니
곧 믿음에서 난 의요

31 의의 법을 따라간 이스라엘은 율법에
이르지 못하였으니

32 어찌 그러하냐 이는 그들이 믿음을
의지하지 않고 행위를 의지함이라 부딪칠
돌에 부딪쳤느니라

33 기록된 바 ㅋ)보라 내가 걸림돌과 거치는
바위를 시온에 두노니 그를 믿는 자는
부끄러움을 당하지 아니하리라 함과
같으니라

26 『あなたたちは、わたしの民ではない』
と言われたその場所で、彼らは生ける神
の子らと呼ばれる。」
27 また、イザヤはイスラエルについて、叫
んでいます。「たとえイスラエルの子ら
の数が海辺の砂のようであっても、残り
の者が救われる。
28 主は地上において完全に、しかも速やか
に、言われたことを行われる。」
29 それはまた、イザヤがあらかじめこう告
げていたとおりです。「万軍の主がわた
したちに子孫を残されなかったら、わた
したちはソドムのようになり、ゴモラの
ようにされたであろう。」

**イスラエルと福音**

30 では、どういうことになるのか。義を求
めなかった異邦人が、義、しかも信仰に
よる義を得ました。
31 しかし、イスラエルは義の律法を追い求
めていたのに、その律法に達しませんで
した。
32 なぜですか。イスラエルは、信仰によっ
てではなく、行いによって達せられるか
のように、考えたからです。彼らはつま
ずきの石につまずいたのです。
33 「見よ、わたしはシオンに、つまずきの
石、妨げの岩を置く。これを信じる者
は、失望することがない」と書いてある
とおりです。

ㅇ) 호 1:10
ㅈ) 사 10:22 이하
ㅊ) 사 1:9
ㅋ) 사 28:16

26 "Once they were told, 'You are not my people.' But in that very place they will be called children of the living God."

27 And this is what the prophet Isaiah said about the people of Israel, "The people of Israel are as many as the grains of sand along the beach. But only a few who are left will be saved.

28 The Lord will be quick and sure to do on earth what he has warned he will do."

29 Isaiah also said, "If the Lord All-Powerful had not spared some of our descendants, we would have been destroyed like the cities of Sodom and Gomorrah." [r)]

### Israel and the Good News

30 What does all of this mean? It means that the Gentiles were not trying to be acceptable to God, but they found that he would accept them if they had faith.

31-32 It also means that the people of Israel were not acceptable to God. And why not? It was because they were trying [s)] to be acceptable by obeying the Law instead of by having faith in God. The people of Israel fell over the stone that makes people stumble,

33 just as God says in the Scriptures, "Look! I am placing in Zion a stone to make people stumble and fall. But those who have faith in that one will never be disappointed."

26 从前在什么地方对他们说:你们不是我的子民，将来就在那里称他们为“永生上帝的儿子”。

27 关于以色列人，以赛亚喊着:“虽然以色列人多如海沙，得救的将是剩下的余数，

28 因为主要在地上施行他的话，彻底而又迅速。”

29 又如以赛亚先前说过:若不是万军之主给我们存留余种，我们早已变成所多玛，像蛾摩拉一样了。

### 以色列人和福音

30 这样，我们怎么说呢？那不追求义的外邦人却获得了义，就是因信而获得的义。

31 但以色列人追求律法的义，反而达不到律法的义。

32 这是什么缘故呢？是因为他们不凭着信心，而是凭着行为，他们正跌在那绊脚石上。

33 就如经上所记:我在锡安放一块绊脚的石头，使人跌倒的磐石;信靠他的人必不蒙羞。

r) Sodom and Gomorrah: During the time of Abraham the Lord destroyed these two cities because their people were so sinful.

s) because they were trying: Or "while they were trying" or "even though they were trying."

# 제 10 장

1 형제들아 내 마음에 원하는 바와 하나님께
구하는 바는 이스라엘을 위함이니 곧
그들로 구원을 받게 함이라

2 내가 증언하노니 그들이 하나님께 열심이
있으나 올바른 지식을 따른 것이 아니니라

3 하나님의 의를 모르고 자기 의를
세우려고 힘써 하나님의 의에 복종하지
아니하였느니라

4 그리스도는 모든 믿는 자에게 의를 이루기
위하여 율법의 마침이 되시니라

5 모세가 기록하되 ㄱ)율법으로 말미암는
의를 행하는 사람은 그 의로 살리라
하였거니와

6 믿음으로 말미암는 의는 이같이 말하되
ㄴ)네 마음에 누가 하늘에 올라가겠느냐
하지 말라 하니 올라가겠느냐 함은
그리스도를 모셔 내리려는 것이요

7 혹은 누가 무저갱에 내려가겠느냐 하지
말라 하니 내려가겠느냐 함은 그리스도를
죽은 자 가운데서 모셔 올리려는 것이라

# 第 10 章

1 兄弟たち、わたしは彼らが救われること
を心から願い、彼らのために神に祈って
います。

2 わたしは彼らが熱心に神に仕えているこ
とを証ししますが、この熱心さは、正し
い認識に基づくものではありません。

3 なぜなら、神の義を知らず、自分の義を
求めようとして、神の義に従わなかった
からです。

4 キリストは律法の目標であります、信じ
る者すべてに義をもたらすために。

### 万人の救い

5 モーセは、律法による義について、「掟
を守る人は掟によって生きる」と記して
います。

6 しかし、信仰による義については、こう
述べられています。「心の中で『だれが
天に上るか』と言ってはならない。」こ
れは、キリストを引き降ろすことにほか
なりません。

7 また、「『だれが底なしの淵に下るか』
と言ってもならない。」これは、キリス
トを死者の中から引き上げることになり
ます。

ㄱ) 레 18:5
ㄴ) 신 30:12 이하

# Chapter 10

1 Dear friends, my greatest wish and my prayer to God is for the people of Israel to be saved.

2 I know they love God, but they don't understand

3 what makes people acceptable to him. So they refuse to trust God, and they try to be acceptable by obeying the Law.

4 But Christ makes the Law no longer necessary [t] for those who become acceptable to God by faith.

**Anyone Can Be Saved**

5 Moses said that a person could become acceptable to God by obeying the Law. He did this when he wrote, "If you want to live, you must do all that the Law commands."

6 But people whose faith makes them acceptable to God will never ask, "Who will go up to heaven to bring Christ down?"

7 Neither will they ask, "Who will go down into the world of the dead to raise him to life?"

dì shí zhāng
# 第 10 章

dì xiongmen wǒ xīn lǐ suǒ kě wàng de hé xiàngshàng dì suǒ
1 弟兄们，我心里所渴望的和向上帝所
qiú de shì yào yǐ sè liè rén dé jiù
求的，是要以色列人得救。

wǒ wéi tā men zuò zhèng tā men duì shàng dì yǒu rè xīn
2 我为他们作证，他们对上帝有热心，
dàn bú shì àn zhe zhēn zhī shi
但不是按着真知识。

yīn wèi bù míng bai shàng dì de yì xiǎng yào lì zì jǐ de
3 因为不明白上帝的义，想要立自己的
yì tā men jiù bù fú shàng dì de yì le
义，他们就不服上帝的义了。

lǜ fǎ de zǒng jié jiù shì jī dū shǐ suǒ yǒu xìn tā de
4 律法的总结就是基督，使所有信他的
rén dōu dé zhe yì
人都得着义。

qiú gào zhǔ míng de bì dìng dé jiù
**求告主名的必定得救**

lùn dào chū yú lǜ fǎ de yì mó xī xiě zhe xíng zhè xiē
5 论到出于律法的义，摩西写着:“行这些
shì de rén jiù bì yīn cǐ dé shēng
事的人，就必因此得生。”

dàn chū yú xìn de yì què rú cǐ shuō nǐ bú yào xīn lǐ
6 但出于信的义却如此说:“你不要心里
shuō shuí yào shēng dào tiān shàng qù ne jiù shì shuō bǎ
说:谁要升到天上去呢?（就是说，把
jī dū lǐng xià lai
基督领下来。）

huò shuō shuí yào xià dào yīn jiān qù ne jiù shì shuō bǎ
7 或说:谁要下到阴间去呢?（就是说，把
jī dū cóng sǐ rén zhōng lǐng shàng lái
基督从死人中领上来。）”

t) But Christ makes the Law no longer necessary: Or "But Christ gives the full meaning to the Law."

8 그러면 무엇을 말하느냐 [ㄷ]말씀이 네게
가까워 네 입에 있으며 네 마음에 있다
하였으니 곧 우리가 전파하는 믿음의
말씀이라

9 네가 만일 네 입으로 예수를 주로 시인하며
또 하나님께서 그를 죽은 자 가운데서
살리신 것을 네 마음에 믿으면 구원을
받으리라

10 사람이 마음으로 믿어 의에 이르고 입으로
시인하여 구원에 이르느니라

11 성경에 이르되 [ㄹ]누구든지 그를 믿는 자는
부끄러움을 당하지 아니하리라 하니

12 유대인이나 헬라인이나 차별이 없음이라
한 분이신 주께서 모든 사람의 주가 되사
그를 부르는 모든 사람에게 부요하시도다

13 [ㅁ]누구든지 주의 이름을 부르는 자는
구원을 받으리라

14 그런즉 그들이 믿지 아니하는 이를 어찌
부르리요 듣지도 못한 이를 어찌 믿으리요
전파하는 자가 없이 어찌 들으리요

15 보내심을 받지 아니하였으면 어찌
전파하리요 기록된 바 [ㅂ]아름답도다
[1]좋은 소식을 전하는 자들의 발이여 함과
같으니라

8 では、何と言われているのだろうか。
「御言葉はあなたの近くにあり、あなた
の口、あなたの心にある。」これは、わ
たしたちが宣べ伝えている信仰の言葉な
のです。

9 口でイエスは主であると公に言い表し、
心で神がイエスを死者の中から復活させ
られたと信じるなら、あなたは救われる
からです。

10 実に、人は心で信じて義とされ、口で公
に言い表して救われるのです。

11 聖書にも、「主を信じる者は、だれも失
望することがない」と書いてあります。

12 ユダヤ人とギリシア人の区別はなく、す
べての人に同じ主がおられ、御自分を呼
び求めるすべての人を豊かにお恵みにな
るからです。

13 「主の名を呼び求める者はだれでも救わ
れる」のです。

14 ところで、信じたことのない方を、どう
して呼び求められよう。聞いたことのな
い方を、どうして信じられよう。また、
宣べ伝える人がなければ、どうして聞く
ことができよう。

15 遣わされないで、どうして宣べ伝えるこ
とができよう。「良い知らせを伝える者
の足は、なんと美しいことか」と書いて
あるとおりです。

1) 또는 복음을

ㄷ) 신 30:14
ㄹ) 사 28:16
ㅁ) 욜 2:32
ㅂ) 사 52:7

8 All who are acceptable because
of their faith simply say, "The
message is as near as your mouth
or your heart." And this is the same
message we preach about faith.

9 So you will be saved, if you honestly
say, "Jesus is Lord," and if you believe
with all your heart that God raised
him from death.

10 God will accept you and save you,
if you truly believe this and tell it to
others.

11 The Scriptures say that no one who
has faith will be disappointed,

12 no matter if that person is a Jew or
a Gentile. There is only one Lord, and
he is generous to everyone who
asks for his help.

13 All who call out to the Lord will
be saved.

14 How can people have faith in the Lord
and ask him to save them, if they have
never heard about him? And how can
they hear, unless someone tells them?

15 And how can anyone tell them
without being sent by the Lord?
The Scriptures say it is a beautiful
sight to see even the feet of someone
coming to preach the good news.

tā dào dǐ zěn me shuō ne tā shuō zhè huà yǔ lí nǐ
8 他到底怎么说呢？ 他说：这话语离你
bù yuǎn zhèng zài nǐ kǒu lǐ zài nǐ xīn lǐ jiù shì
不远，正在你口里，在你心里，（就是
shuō wǒ men chuán yáng suǒ xìn de huà yǔ
说，我们传扬所信的话语。）

nǐ ruò kǒu lǐ xuān rèn yē sū wéi zhǔ xīn lǐ xìn shàng dì
9 你若口里宣认耶稣为主，心里信上帝
jiào tā cóng sǐ rén zhōng fù huó jiù bì dé jiù
叫他从死人中复活，就必得救。

yīn wèi rén xīn lǐ xìn jiù kě yǐ chēng yì kǒu lǐ xuān
10 因为，人心里信就可以称义，口里宣
rèn jiù kě yǐ dé jiù
认就可以得救。

jīng shàng shuō fán xìn tā de rén bì bù méng xiū
11 经上说："凡信他的人必不蒙羞。"

yóu tài rén hé xī là rén bìng méi yǒu fēn bié yīn wèi rén rén
12 犹太人和希腊人并没有分别，因为人人
dōu yǒu tóng yí wèi zhǔ tā yě hòu dài qiú gào tā de měi
都有同一位主，他也厚待求告他的每
yí gè rén
一个人。

yīn wèi fán qiú gào zhǔ míng de jiù bì dé jiù
13 因为"凡求告主名的就必得救"。

rán ér rén wèi céng xìn tā zěn néng qiú gào tā ne
14 然而，人未曾信他，怎能求告他呢？
wèi céng tīng jiàn tā zěn néng xìn tā ne méi yǒu chuán dào
未曾听见他，怎能信他呢？没有传道
de zěn néng tīng jiàn ne
的，怎能听见呢？

ruò méi yǒu fèng chāi qiǎn zěn néng chuán dào ne rú jīng shàng
15 若没有奉差遣，怎能传道呢？如经上
suǒ jì bào fú yīn chuán xǐ xìn de rén tā men de jiǎo
所记："报福音、传喜信的人，他们的脚
zōng hé děng jiā měi
踪何等佳美！"

**믿음과 들음과 그리스도의 말씀**

16 그러나 그들이 다 복음을 순종하지
아니하였도다 이사야가 이르되 [ㅅ)]주여
우리가 전한 것을 누가 믿었나이까
하였으니

17 그러므로 믿음은 들음에서 나며 들음은
그리스도의 말씀으로 말미암았느니라

18 그러나 내가 말하노니 그들이 듣지
아니하였느냐 그렇지 아니하니 [ㅇ)]그
소리가 온 땅에 퍼졌고 그 말씀이 땅 끝까지
이르렀도다 하였느니라

19 그러나 내가 말하노니 이스라엘이 알지
못하였느냐 먼저 모세가 이르되 [ㅈ)]내가
백성 아닌 자로써 너희를 시기하게 하며
미련한 백성으로써 너희를 노엽게 하리라
하였고

20 이사야는 매우 담대하여 [ㅊ)]내가 나를 찾지
아니한 자들에게 찾은 바 되고 내게 묻지
아니한 자들에게 나타났노라 말하였고

21 이스라엘에 대하여 이르되 [ㅋ)]순종하지
아니하고 거슬러 말하는 백성에게 내가
종일 내 손을 벌렸노라 하였느니라

16 しかし、すべての人が福音に従ったので
はありません。イザヤは、「主よ、だれ
がわたしたちから聞いたことを信じまし
たか」と言っています。

17 実に、信仰は聞くことにより、しかも、
キリストの言葉を聞くことによって始ま
るのです。

18 それでは、尋ねよう。彼らは聞いたこと
がなかったのだろうか。もちろん聞い
たのです。「その声は全地に響き渡り、
その言葉は世界の果てにまで及ぶ」ので
す。

19 それでは、尋ねよう。イスラエルは分か
らなかったのだろうか。このことについ
ては、まずモーセが、「わたしは、わた
しの民でない者のことであなたがたにね
たみを起こさせ、愚かな民のことであな
たがたを怒らせよう」と言っています。

20 イザヤも大胆に、「わたしは、わたしを
探さなかった者たちに見いだされ、わた
しを尋ねなかった者たちに自分を現し
た」と言っています。

21 しかし、イスラエルについては、「わた
しは、不従順で反抗する民に、一日中手
を差し伸べた」と言っています。

ㅅ) 사 53:1
ㅇ) 시 19:4
ㅈ) 신 32:21
ㅊ) 사 65:1
ㅋ) 사 65:2

16 Yet not everyone has believed the message. For example, the prophet Isaiah asked, "Lord, has anyone believed what we said?"

17 No one can have faith without hearing the message about Christ.

18 But am I saying that the people of Israel did not hear? No, I am not! The Scriptures say, "The message was told everywhere on earth. It was announced all over the world."

19 Did the people of Israel understand or not? Moses answered this question when he told that the Lord had said, "I will make Israel jealous of people who are a nation of nobodies. I will make them angry at people who don't understand a thing."

20 Isaiah was fearless enough to tell that the Lord had said, "I was found by people who were not looking for me. I appeared to the ones who were not asking about me."

21 And Isaiah said about the people of Israel, "All day long the Lord has reached out to people who are stubborn and refuse to obey."

dàn bú shì měi yí gè rén dōu tīng cóng fú yīn yīn wèi yǐ
16 但不是每一个人都听从福音，因为以
sài yà shuō zhǔ ā wǒ men suǒ chuán de yǒu shuí xìn
赛亚说:“主啊，我们所传的有谁信
ne
呢?”

kě jiàn xìn dào shì cóng tīng dào lái de tīng dào shì cóng
17 可见，信道是从听道来的，听道是从
jī dū de huà lái de
基督的话来的。

dàn wǒ yào wèn rén méi yǒu tīng jiàn ma dāng rán tīng jiàn
18 但我要问，人没有听见吗？ 当然听见
le tā men de shēng yīn chuán biàn tiān xià tā men de yán
了。他们的声音传遍天下;他们的言
yǔ chuán dào dì jí
语传到地极。

wǒ zài wèn yǐ sè liè rén bù zhī dào ma xiān yǒu mó
19 我再问，以色列人不知道吗？ 先有摩
xī shuō wǒ yào yòng nà bù chéng guó de jī qǐ nǐ men de
西说:我要用那不成国的激起你们的
jí dù wǒ yào yòng nà wú zhī de mín chù dòng nǐ men de nù
嫉妒;我要用那无知的民触动你们的怒
qì
气。

yòu yǒu yǐ sài yà fàng dǎn shuō méi yǒu xún zhǎo wǒ de wǒ
20 又有以赛亚放胆说:没有寻找我的，我
yào shǐ tā men xún jiàn méi yǒu qiú wèn wǒ de wǒ yào xiàng
要使他们寻见;没有求问我的，我要向
tā men xiǎn xiàn
他们显现。

guān yú yǐ sè liè rén tā shuō wǒ zhěng tiān xiàng nà bèi
21 关于以色列人，他说:“我整天向那悖
nì dǐng zuǐ de bǎi xìng zhāo shǒu
逆顶嘴的百姓招手。”

# 제 11 장

**이스라엘의 남은 자**

1 그러므로 내가 말하노니 하나님이 자기
백성을 버리셨느냐 그럴 수 없느니라 나도
이스라엘인이요 아브라함의 씨에서 난
자요 베냐민 지파라

2 하나님이 그 미리 아신 자기 백성을 버리지
아니하셨나니 너희가 성경이 엘리야를
가리켜 말한 것을 알지 못하느냐 그가
이스라엘을 하나님께 고발하되

3 ㄱ)주여 그들이 주의 선지자들을 죽였으며
주의 제단들을 헐어 버렸고 나만 남았는데
내 목숨도 찾나이다 하니

4 그에게 하신 대답이 무엇이냐 ㄴ)내가 나를
위하여 바알에게 무릎을 꿇지 아니한 사람
칠천 명을 남겨 두었다 하셨으니

5 그런즉 이와 같이 지금도 은혜로 택하심을
따라 남은 자가 있느니라

6 만일 은혜로 된 것이면 행위로 말미암지
않음이니 그렇지 않으면 은혜가 은혜 되지
못하느니라

# 第 11 章

**イスラエルの残りの者**

1 では、尋ねよう。神は御自分の民を退けら
れたのであろうか。決してそうではない。
わたしもイスラエル人で、アブラハムの子
孫であり、ベニヤミン族の者です。

2 神は、前もって知っておられた御自分の民
を退けたりなさいませんでした。それと
も、エリヤについて聖書に何と書いてあ
るか、あなたがたは知らないのですか。彼
は、イスラエルを神にこう訴えています。

3 「主よ、彼らはあなたの預言者たちを
殺し、あなたの祭壇を壊しました。そし
て、わたしだけが残りましたが、彼らは
わたしの命をねらっています。」

4 しかし、神は彼に何と告げているか。
「わたしは、バアルにひざまずかなかっ
た七千人を自分のために残しておいた」
と告げておられます。

5 同じように、現に今も、恵みによって選
ばれた者が残っています。

6 もしそれが恵みによるとすれば、行いに
はよりません。もしそうでなければ、恵
みはもはや恵みではなくなります。

ㄱ) 왕상 19:10
ㄴ) 왕상 19:18

# Chapter 11

## God Has Not Rejected His People

1 Am I saying that God has turned his back on his people? Certainly not! I am one of the people of Israel, and I myself am a descendant of Abraham from the tribe of Benjamin.

2 God did not turn his back on his chosen people. Don't you remember reading in the Scriptures how Elijah complained to God about the people of Israel?

3 He said, "Lord, they killed your prophets and destroyed your altars. I am the only one left, and now they want to kill me."

4 But the Lord told Elijah, "I still have seven thousand followers who have not worshiped Baal."

5 It is the same way now. God was kind to the people of Israel, and so a few of them are still his followers.

6 This happened because of God's undeserved kindness and not because of anything they have done. It could not have happened except for God's kindness.

dì shíyī zhāng
# 第 11 章

yǐ sè liè de yú mín
## 以色列的余民

nà me wǒ yào wèn shàng dì qì jué le tā de bǎi xìng
1 那么，我要问，上帝弃绝了他的百姓
ma jué duì méi yǒu yīn wèi wǒ yě shì yǐ sè liè rén
吗？绝对没有！因为我也是以色列人，
yà bó lā hǎn de hòu yì shǔ biàn yǎ mǐn zhī pài de
亚伯拉罕的后裔，属便雅悯支派的。

shàng dì bìng méi yǒu qì jué tā yù xiān suǒ zhī dào de bǎi
2 上帝并没有弃绝他预先所知道的百
xìng nǐ men qǐ bù zhī dào jīng shàng lùn dào yǐ lì yà shì
姓。你们岂不知道经上论到以利亚是
zěn me shuō de ne tā zài shàng dì miàn qián zěn yàng kòng gào
怎么说的呢？他在上帝面前怎样控告
yǐ sè liè rén shuō
以色列人说：

zhǔ a tā men shā le nǐ de xiān zhī chāi le nǐ de
3 “主啊，他们杀了你的先知，拆了你的
jì tán zhī shèng xià wǒ yí gè rén tā men hái yào wǒ
祭坛，只剩下我一个人，他们还要我
de mìng
的命。”

dàn shàng dì shì zěn me huí dá de ne tā shuō wǒ wèi
4 但上帝是怎么回答的呢？他说：“我为
zì jǐ liú xià qī qiān rén shì wèi céng xiàng bā lì qū xī
自己留下七千人，是未曾向巴力屈膝
de
的。”

xiàn zài zhè shí kè yě shì zhè yàng zhào zhe chū yú ēn diǎn de
5 现在这时刻也是这样，照着出于恩典的
jiǎn xuǎn hái yǒu suǒ liú de yú shù
拣选，还有所留的余数。

jì shì kào ēn diǎn jiù bù píng xíng wéi bù rán ēn diǎn
6 既是靠恩典，就不凭行为，不然，恩典
jiù bú zài shì ēn diǎn le
就不再是恩典了。

7 그런즉 어떠하냐 이스라엘이 구하는
그것을 얻지 못하고 오직 택하심을
입은 자가 얻었고 그 남은 자들은
우둔하여졌느니라

8 기록된 바 [ㄷ]하나님이 오늘까지 그들에게
혼미한 [1]심령과 보지 못할 눈과 듣지 못할
귀를 주셨다 함과 같으니라

9 또 다윗이 이르되 [ㄹ]그들의 밥상이 올무와
덫과 거치는 것과 보응이 되게 하시옵고

10 그들의 눈은 흐려 보지 못하고 그들의 등은
항상 굽게 하옵소서 하였느니라

11 그러므로 내가 말하노니 그들이
넘어지기까지 실족하였느냐 그럴 수
없느니라 그들이 넘어짐으로 구원이
이방인에게 이르러 이스라엘로 시기나게
함이니라

12 그들의 넘어짐이 세상의 풍성함이 되며
그들의 실패가 이방인의 풍성함이 되거든
하물며 그들의 충만함이리요

**이방인의 구원**

13 내가 이방인인 너희에게 말하노라
내가 이방인의 사도인 만큼 내 직분을
영광스럽게 여기노니

7 では、どうなのか。イスラエルは求めて
いるものを得ないで、選ばれた者がそれ
を得たのです。他の者はかたくなにされ
たのです。

8 「神は、彼らに鈍い心、見えない目、聞
こえない耳を与えられた、今日に至るま
で」と書いてあるとおりです。

9 ダビデもまた言っています。「彼らの食卓
は、自分たちの罠となり、網となるよう
に。つまずきとなり、罰となるように。

10 彼らの目はくらんで見えなくなるよう
に。彼らの背をいつも曲げておいてくだ
さい。」

**異邦人の救い**

11 では、尋ねよう。ユダヤ人がつまずいたと
は、倒れてしまったということなのか。決
してそうではない。かえって、彼らの罪に
よって異邦人に救いがもたらされる結果に
なりましたが、それは、彼らにねたみを起
こさせるためだったのです。

12 彼らの罪が世の富となり、彼らの失敗が
異邦人の富となるのであれば、まして彼
らが皆救いにあずかるとすれば、どんな
にかすばらしいことでしょう。

13 では、あなたがた異邦人に言います。わ
たしは異邦人のための使徒であるので、
自分の務めを光栄に思います。

1) 헬, 영

ㄷ) 사 29:10; 신 29:4
ㄹ) 시 69:22 이하

7 This means that only a chosen few of the people of Israel found what all of them were searching for. And the rest of them were stubborn,

8 just as the Scriptures say, "God made them so stupid that their eyes are blind, and their ears are still deaf."

9 Then David said, "Turn their meals into bait for a trap, so that they will stumble and be given what they deserve.

10 Blindfold their eyes! Don't let them see. Bend their backs beneath a burden that will never be lifted."

**Gentiles Will Be Saved**

11 Do I mean that the people of Israel fell, never to get up again? Certainly not! Their failure made it possible for the Gentiles to be saved, and this will make the people of Israel jealous.

12 But if the rest of the world's people were helped so much by Israel's sin and loss, they will be helped even more by their full return.

13 I am now speaking to you Gentiles, and as long as I am an apostle to you, I will take pride in my work.

nà yòu zěn me shuō ne yǐ sè liè rén suǒ xún qiú de
7 那又怎么说呢？以色列人所寻求的，
tā men méi yǒu dé zhe dàn shì méng jiǎn xuǎn de rén dé zhe
他们没有得着。但是蒙拣选的人得着
le qí yú de rén què chéng le wángěng bú huà de
了，其余的人却成了顽梗不化的。

rú jīng shàng suǒ jì shàng dì gěi tā men hūn chén de xīn yǎn
8 如经上所记：上帝给他们昏沉的心，眼
jing kàn bú jiàn ěr duo tīng bú dào zhí dào jīn rì
睛看不见，耳朵听不到，直到今日。

dà wèi yě shuō yuàn tā men de yàn xí biàn wéi luó wǎng biàn
9 大卫也说：愿他们的宴席变为罗网，变
wéi xiàn jǐng biàn wéi bàn jiǎo shí zuò tā men de bào yìng
为陷阱，变为绊脚石，作他们的报应。

yuàn tā men de yǎn jing hūn huā kàn bú jiàn yuàn nǐ shí
10 愿他们的眼睛昏花，看不见；愿你时
chángwān xià tā men de yāo
常弯下他们的腰。

wài bāng rén dé jiù
**外邦人得救**

nà me wǒ zài wèn tā men shī zú shì yào tā men diē dǎo
11 那么，我再问，他们失足是要他们跌倒
ma jué duì bú shì yīn tā men de guò fàn jiù ēn
吗？绝对不是！因他们的过犯，救恩
fǎn ér lín dào wài bāng rén yào jī qǐ tā men jí dù de
反而临到外邦人，要激起他们嫉妒的
xīn
心。

rú guǒ tā men de guò fàn chéng wéi shì jiè de fù zú tā
12 如果他们的过犯成为世界的富足，他
men de quē fá chéng wéi wài bāng rén de fù zú gèng hé
们的缺乏成为外邦人的富足，更何
kuàng tā men quán shù dé jiù ne
况他们全数得救呢？

wǒ duì nǐ men wài bāng rén shuō zhèng yīn wèi wǒ shì wài bāng
13 我对你们外邦人说，正因为我是外邦
rén de shǐ tú wǒ jìng zhòng wǒ de zhí fèn
人的使徒，我敬重我的职分，

14 이는 혹 내 골육을 아무쪼록 시기하게 하여
그들 중에서 얼마를 구원하려 함이라

15 그들을 버리는 것이 세상의 화목이 되거든
그 받아들이는 것이 죽은 자 가운데서
살아나는 것이 아니면 무엇이리요

16 제사하는 처음 익은 곡식 가루가 거룩한즉
떡덩이도 그러하고 뿌리가 거룩한즉
가지도 그러하니라

17 또한 가지 얼마가 꺾이었는데
돌감람나무인 네가 그들 중에 접붙임이
되어 참감람나무 뿌리의 진액을 함께 받는
자가 되었은즉

18 그 가지들을 향하여 자랑하지 말라
자랑할지라도 네가 뿌리를 보전하는 것이
아니요 뿌리가 너를 보전하는 것이니라

19 그러면 네 말이 가지들이 꺾인 것은 나로
접붙임을 받게 하려 함이라 하리니

20 옳도다 그들은 믿지 아니하므로 꺾이고
너는 믿으므로 섰느니라 높은 마음을 품지
말고 도리어 두려워하라

21 하나님이 원 가지들도 아끼지
아니하셨은즉 너도 아끼지 아니하시리라

14 何とかして自分の同胞にねたみを起こさ
せ、その幾人かでも救いたいのです。

15 もし彼らの捨てられることが、世界の和
解となるならば、彼らが受け入れられる
ことは、死者の中からの命でなくて何で
しょう。

16 麦の初穂が聖なるものであれば、練り粉
全体もそうであり、根が聖なるものであ
れば、枝もそうです。

17 しかし、ある枝が折り取られ、野生のオ
リーブであるあなたが、その代わりに接
ぎ木され、根から豊かな養分を受けるよ
うになったからといって、

18 折り取られた枝に対して誇ってはなりま
せん。誇ったところで、あなたが根を支
えているのではなく、根があなたを支え
ているのです。

19 すると、あなたは、「枝が折り取られた
のは、わたしが接ぎ木されるためだっ
た」と言うでしょう。

20 そのとおりです。ユダヤ人は、不信仰の
ために折り取られましたが、あなたは信
仰によって立っています。思い上がって
はなりません。むしろ恐れなさい。

21 神は、自然に生えた枝を容赦されなかっ
たとすれば、恐らくあなたをも容赦され
ないでしょう。

14 I hope in this way to make some of my own people jealous enough to be saved.

15 When Israel rejected God, [u] the rest of the people in the world were able to turn to him. So when God makes friends with Israel, it will be like bringing the dead back to life.

16 If part of a batch of dough is made holy by being offered to God, then all of the dough is holy. If the roots of a tree are holy, the rest of the tree is holy too.

17 You Gentiles are like branches of a wild olive tree that were made to be part of a cultivated olive tree. You have taken the place of some branches that were cut away from it. And because of this, you enjoy the blessings that come from being part of that cultivated tree.

18 But don't think you are better than the branches that were cut away. Just remember that you are not supporting the roots of that tree. Its roots are supporting you.

19 Maybe you think those branches were cut away, so that you could be put in their place.

20 That's true enough. But they were cut away because they did not have faith, and you are where you are because you do have faith. So don't be proud, but be afraid.

21 If God cut away those natural branches, couldn't he do the same to you?

xī wàng ké yǐ jī qǐ wǒ gǔ ròu zhī qīn de jí dù hǎo
14 希望可以激起我骨肉之亲的嫉妒，好
jiù tā men yì xiē rén
救他们一些人。

rú guǒ tā men bèi diū qì shì jiè yīn ér dé yǐ yǔ shàng
15 如果他们被丢弃，世界因而得以与上
dì hé hǎo tā men bèi shōu nà qǐ bú jiù shì cóng sǐ rén
帝和好；他们被收纳，岂不就是从死人
zhōng fù shēng ma
中复生吗?

suǒ xiàn de xīn miàn ruò shèng jié zhěng gè miàntuán dōu shèng jié
16 所献的新面若圣洁，整个面团都圣洁
le shù gēn ruò shèng jié shù zhī yě shèng jié le
了；树根若圣洁，树枝也圣洁了。

ruò yǒu jǐ gēn zhī zǐ bèi zhé xià lái nǐ zhè yě gǎn lǎn zhī
17 若有几根枝子被折下来，你这野橄榄枝
jiē shàng qù tóngxiǎng gǎn lǎn gēn de féi zhī
接上去，同享橄榄根的肥汁，

nǐ jiù bù kě xiàng jiù zhī zǐ kuā kǒu ruò shì kuā kǒu gāi
18 你就不可向旧枝子夸口；若是夸口，该
zhī dào bú shì nǐ tuō zhe gēn ér shì gēn tuō zhe nǐ
知道不是你托着根，而是根托着你。

nǐ huì shuō nà xiē zhī zǐ bèi zhé xià lái shì wèi le shǐ wǒ
19 你会说，那些枝子被折下来是为了使我
jiē shàng qù
接上去。

bú cuò tā men yīn wèi bú xìn suǒ yǐ bèi zhé xià lái
20 不错。他们因为不信，所以被折下来；
nǐ yīn wèi xìn suǒ yǐ lì dé zhù nǐ bù kě zì gāo
你因为信，所以立得住。你不可自高，
fǎn yào zhànzhàn jīng jīng
反要战战兢兢。

shàng dì jì rán bú gù xī yuán lái de zhī zi qǐ huì gù
21 上帝既然不顾惜原来的枝子，岂会顾
xī nǐ
惜你?

u) When Israel rejected God: Or "When Israel was rejected."

22 그러므로 하나님의 인자하심과 준엄하심을 보라 넘어지는 자들에게는 준엄하심이 있으니 너희가 만일 하나님의 인자하심에 머물러 있으면 그 인자가 너희에게 있으리라 그렇지 않으면 너도 찍히는 바 되리라

23 그들도 믿지 아니하는 데 머무르지 아니하면 접붙임을 받으리니 이는 그들을 접붙이실 능력이 하나님께 있음이라

24 네가 원 돌감람나무에서 찍힘을 받고 본성을 거슬러 좋은 감람나무에 접붙임을 받았으니 원 가지인 이 사람들이야 얼마나 더 자기 감람나무에 접붙이심을 받으랴

### 이스라엘의 구원

25 형제들아 너희가 스스로 지혜 있다 하면서 이 신비를 너희가 모르기를 내가 원하지 아니하노니 이 신비는 이방인의 [2)]충만한 수가 들어오기까지 이스라엘의 더러는 우둔하게 된 것이라

26 그리하여 온 이스라엘이 구원을 받으리라 기록된 바 [ㅁ)]구원자가 시온에서 오사 야곱에게서 경건하지 않은 것을 돌이키시겠고

27 [ㅂ)]내가 그들의 죄를 없이 할 때에 그들에게 이루어질 내 언약이 이것이라 함과 같으니라

22 だから、神の慈しみと厳しさを考えなさい。倒れた者たちに対しては厳しさがあり、神の慈しみにとどまるかぎり、あなたに対しては慈しみがあるのです。もしとどまらないなら、あなたも切り取られるでしょう。

23 彼らも、不信仰にとどまらないならば、接ぎ木されるでしょう。神は、彼らを再び接ぎ木することがおできになるのです。

24 もしあなたが、もともと野生であるオリーブの木から切り取られ、元の性質に反して、栽培されているオリーブの木に接ぎ木されたとすれば、まして、元からこのオリーブの木に付いていた枝は、どれほどたやすく元の木に接ぎ木されることでしょう。

### イスラエルの再興

25 兄弟たち、自分を賢い者とうぬぼれないように、次のような秘められた計画をぜひ知ってもらいたい。すなわち、一部のイスラエル人がかたくなになったのは、異邦人全体が救いに達するまでであり、

26 こうして全イスラエルが救われるということです。次のように書いてあるとおりです。「救う方がシオンから来て、ヤコブから不信心を遠ざける。

27 これこそ、わたしが、彼らの罪を取り除くときに、彼らと結ぶわたしの契約である。」

2) 헬, 충만히

ㅁ) 사 59:20 이하
ㅂ) 사 27:9 이하

22 Now you see both how kind and how hard God can be. He was hard on those who fell, but he was kind to you. And he will keep on being kind to you, if you keep on trusting in his kindness. Otherwise, you will be cut away too.

23 If those other branches will start having faith, they will be made a part of that tree again. God has the power to put them back.

24 After all, it wasn't natural for branches to be cut from a wild olive tree and to be made part of a cultivated olive tree. So it is much more likely that God will join the natural branches back to the cultivated olive tree.

### The People of Israel Will Be Brought Back

25 My friends, I don't want you Gentiles to be too proud of yourselves. So I will explain the mystery of what has happened to the people of Israel. Some of them have become stubborn, and they will stay like that until the complete number of you Gentiles has come in.

26 In this way all of Israel will be saved, as the Scriptures say, "From Zion someone will come to rescue us. Then Jacob's descendants will stop being evil.

27 This is what the Lord has promised to do when he forgives their sins."

kě jiàn shàng dì yòu ēn cí yòu yán lì duì nà diē dǎo de
22 可见，上帝又恩慈又严厉：对那跌倒的
rén shì yán lì de duì nǐ shì ēn cí de zhǐ yào nǐ cháng
人是严厉的；对你是恩慈的，只要你 长
jiǔ zài tā de ēn cí lǐ bù rán nǐ yě yào bèi kǎn xià
久在他的恩慈里，不然，你也要被砍下
lái
来。

ér qiě tā men ruò bú shì cháng jiǔ bú xìn réng yào bèi
23 而且，他们若不是长久不信，仍要被
jiē shàng yīn wèi shàng dì néng gòu chóng xīn bǎ tā men jiē
接上，因为上帝能够重新把他们接
shàng qù
上去。

nǐ shì cóng nà tiān shēng de yě gǎn lǎn shàng kǎn xià lái de
24 你是从那天生的野橄榄上砍下来的，
shàng qiě wéi fǎn zì rán dì jiē zài hǎo gǎn lǎn shàng hé kuàng
尚且违反自然地接在好橄榄上，何况
zhè xiē yuán lái de zhī zǐ qǐ bú gèng yào jiē zài yuán shù shàng
这些原来的枝子岂不更要接在原树上
ma
吗？

quán yǐ sè liè dōu jiāng dé jiù
### 全以色列都将得救

dì xiong men wǒ bú yuàn yì nǐ men bù zhī dào zhè ào
25 弟兄们，我不愿意你们不知道这奥
mì kǒng pà nǐ men zì yǐ wéi cōng míng zhè ào mì jiù
秘，恐怕你们自以为聪明。这奥秘就
shì yǒu yí bù fen yǐ sè liè rén shì yìng xīn de děng dào wài
是有一部分以色列人是硬心的，等到外
bāng rén de shù mù tiān mǎn le
邦人的数目添满了，

yǐ sè liè quán jiā dōu yào dé jiù rú jīng shàng suǒ jì
26 以色列全家都要得救。如经上所记：
bì yǒu yí wèi jiù zhǔ cóng xī ān chū lái yào xiāo chú yǎ
必有一位救主从锡安出来，要消除雅
gè jiā yí qiè bù qián bú jìng
各家一切不虔不敬；

yòu shuō zhè jiù shì wǒ yǔ tā men suǒ lì de yuē nà shí
27 又说：这就是我与他们所立的约，那时
wǒ yào chú qù tā men de zuì
我要除去他们的罪。

28 복음으로 하면 그들이 너희로 말미암아
원수 된 자요 택하심으로 하면 조상들로
말미암아 사랑을 입은 자라

29 하나님의 은사와 부르심에는 후회하심이
없느니라

30 너희가 전에는 하나님께 순종하지
아니하더니 이스라엘이 순종하지
아니함으로 이제 긍휼을 입었는지라

31 이와 같이 이 사람들이 순종하지 아니하니
이는 너희에게 베푸시는 긍휼로 이제
그들도 긍휼을 얻게 하려 하심이라

32 하나님이 모든 사람을 순종하지 아니하는
가운데 가두어 두심은 모든 사람에게
긍휼을 베풀려 하심이로다

33 깊도다 하나님의 [3]지혜와 지식의
풍성함이여, 그의 판단은 헤아리지 못할
것이며 그의 길은 찾지 못할 것이로다

34 누가 주의 마음을 알았느냐 누가 그의
모사가 되었느냐

35 누가 주께 먼저 드려서 갚으심을 받겠느냐

36 이는 만물이 주에게서 나오고 주로
말미암고 주에게로 돌아감이라 그에게
영광이 세세에 있을지어다 아멘

28 福音について言えば、イスラエル人は、
あなたがたのために神に敵対しています
が、神の選びについて言えば、先祖たち
のお陰で神に愛されています。

29 神の賜物と招きとは取り消されないもの
なのです。

30 あなたがたは、かつては神に不従順でし
たが、今は彼らの不従順によって憐れみ
を受けています。

31 それと同じように、彼らも、今はあなた
がたが受けた憐れみによって不従順にな
っていますが、それは、彼ら自身も今憐
れみを受けるためなのです。

32 神はすべての人を不従順の状態に閉じ込
められましたが、それは、すべての人を
憐れむためだったのです。

33 ああ、神の富と知恵と知識のなんと深い
ことか。だれが、神の定めを究め尽く
し、神の道を理解し尽くせよう。

34 「いったいだれが主の心を知っていたで
あろうか。だれが主の相談相手であった
だろうか。

35 だれがまず主に与えて、その報いを受け
るであろうか。」

36 すべてのものは、神から出て、神によって
保たれ、神に向かっているのです。栄光が
神に永遠にありますように、アーメン。

3) 또는 부요와 지혜와 지식이여

28 The people of Israel are treated as
God's enemies, so that the good
news can come to you Gentiles.
But they are still the chosen ones,
and God loves them because
of their famous ancestors.

29 God doesn't take back the gifts
he has given or forget about
the people he has chosen.

30 At one time you Gentiles rejected
God. But now Israel has rejected God,
and you have been shown mercy.

31 And because of the mercy shown to
you, they will also be shown mercy.

32 All people have disobeyed God,
and that's why he treats them as
prisoners. But he does this, so that
he can have mercy on all of them.

33 Who can measure the wealth and
wisdom and knowledge of God?
Who can understand his decisions
or explain what he does?

34 "Has anyone known the thoughts
of the Lord or given him advice?

35 Has anyone loaned something to
the Lord that must be repaid?"

36 Everything comes from the Lord.
All things were made because
of him and will return to him.
Praise the Lord forever! Amen.

jiù fú yīn lái shuō tā men wèi nǐ men de yuán gù shì chóu
28 就福音来说，他们为你们的缘故是仇
dí jiù jiǎn xuǎn lái shuō tā men yīn liè zǔ de yuán gù shì
敌；就拣选来说，他们因列祖的缘故是
méng ài de
蒙爱的。

yīn wèi shàng dì de ēn cì hé xuǎn zhào shì bú huì chè huí
29 因为上帝的恩赐和选召是不会撤回
de nǐ men cóng qián bú shùn fú shàng dì rú jīn yīn tā
的。你们从前不顺服上帝，如今因他
men de bú shùn fú nǐ men dǎo méng le lián mǐn
们的不顺服，你们倒蒙了怜悯。

tóng yàng tā men xiàn zài yě shì bú shùn fú jiào tā men
31 同样，他们现在也是不顺服，叫他们
yīn zhe shī gěi nǐ men de lián mǐn xiàn zài yě jiù méng lián
因着施给你们的怜悯，现在也就蒙怜
mǐn
悯。

yīn wèi shàng dì bǎ zhòng rén dōu quān zài bú shùn fú zhōng wéi
32 因为上帝把众人都圈在不顺服中，为
de shì yào lián mǐn zhòng rén
的是要怜悯众人。

shēn zāi shàng dì de fēng fù zhì huì hé zhī shi
33 深哉，上帝的丰富、智慧，和知识！
tā de pàn duàn hé qí nán cè tā de zōng jì hé qí nán
他的判断何其难测！他的踪迹何其难
xún
寻！

shuí zhī dào zhǔ de xīn shuí zuò guò tā de móu shì
34 谁知道主的心？谁作过他的谋士？

shuí xiān gěi le tā shǐ tā hòu lái cháng huán ne
35 谁先给了他，使他后来偿还呢？

yīn wèi wàn yǒu dōu shì běn yú tā yǐ kào tā guī yú
36 因为万有都是本于他，倚靠他，归于
tā yuàn róng yào guī gěi tā zhí dào yǒng yuǎn ā men
他。愿荣耀归给他，直到永远。阿们！

# 제 12 장

### 하나님의 뜻을 분별하는 새 생활

1 그러므로 형제들아 내가 하나님의 모든 자비하심으로 너희를 권하노니 너희 몸을 하나님이 기뻐하시는 거룩한 산 제물로 드리라 이는 너희가 드릴 [1]영적 예배니라

2 너희는 이 세대를 본받지 말고 오직 마음을 새롭게 함으로 변화를 받아 하나님의 선하시고 기뻐하시고 온전하신 뜻이 무엇인지 분별하도록 하라

3 내게 주신 은혜로 말미암아 너희 각 사람에게 말하노니 마땅히 생각할 그 이상의 생각을 품지 말고 오직 하나님께서 각 사람에게 나누어 주신 믿음의 분량대로 지혜롭게 생각하라

4 우리가 한 몸에 많은 지체를 가졌으나 모든 지체가 같은 기능을 가진 것이 아니니

5 이와 같이 우리 많은 사람이 그리스도 안에서 한 몸이 되어 서로 지체가 되었느니라

# 第 12 章

### キリストにおける新しい生活

1 こういうわけで、兄弟たち、神の憐れみによってあなたがたに勧めます。自分の体を神に喜ばれる聖なる生けるいけにえとして献げなさい。これこそ、あなたがたのなすべき礼拝です。

2 あなたがたはこの世に倣ってはなりません。むしろ、心を新たにして自分を変えていただき、何が神の御心であるか、何が善いことで、神に喜ばれ、また完全なことであるかをわきまえるようになりなさい。

3 わたしに与えられた恵みによって、あなたがた一人一人に言います。自分を過大に評価してはなりません。むしろ、神が各自にわけ与えてくださった信仰の度合いに応じて慎み深く評価すべきです。

4 というのは、わたしたちの一つの体は多くの部分から成り立っていても、すべての部分が同じ働きをしていないように、

5 わたしたちも数は多いが、キリストに結ばれて一つの体を形づくっており、各自は互いに部分なのです。

1) 합당한

# Chapter 12

## Christ Brings New Life

1 Dear friends, God is good. So I beg you to offer your bodies to him as a living sacrifice, pure and pleasing. That's the most sensible way to serve God.

2 Don't be like the people of this world, but let God change the way you think. Then you will know how to do everything that is good and pleasing to him.

3 I realize how kind God has been to me, and so I tell each of you not to think you are better than you really are. Use good sense and measure yourself by the amount of faith that God has given you.

4 A body is made up of many parts, and each of them has its own use.

5 That's how it is with us. There are many of us, but we each are part of the body of Christ, as well as part of one another.

dì shíèr zhāng

# 第 12 章

jī dū lǐ de xīn shēng huó

## 基督里的新生活

suǒ yǐ dì xiongmen wǒ yǐ shàng dì de cí bēi quàn nǐ
1 所以，弟兄们，我以上帝的慈悲劝你
men jiāng shēn tǐ xiàn shàng dàng zuò huó jì shì shèng jié
们，将身体献上当作活祭，是圣洁
de shì shàng dì suǒ xǐ yuè de nǐ men rú cǐ shì fèng
的，是上帝所喜悦的，你们如此事奉
nǎi shì lǐ suǒ dāng rán de
乃是理所当然的。

bú yào xiào fǎ zhè ge shì jiè zhǐ yào xīn yì gēng xīn ér
2 不要效法这个世界，只要心意更新而
biàn huà shǐ nǐ men chá yàn hé wéi shàng dì de shànliáng
变化，使你们察验何为上帝的善良、
chúnquán kě xǐ yuè de zhǐ yì
纯全、可喜悦的旨意。

wǒ píng zhe suǒ cì wǒ de ēn duì nǐ men měi yí wèi shuō bú
3 我凭着所赐我的恩对你们每一位说：不
yào bǎ zì jǐ kàn dé tài gāo yào zhào zhe shàng dì suǒ fēn
要把自己看得太高，要照着上帝所分
gěi gè rén de xìn xīn lái héng liáng kàn dé hé hū zhōng
给各人的信心来衡量，看得合乎中
dào
道。

zhèng rú wǒ men yí gè shēn zi shàng yǒu hǎo xiē zhī tǐ zhī
4 正如我们一个身子上有好些肢体，肢
tǐ yě bù dōu yǒu yí yàng de yòng chù
体也不都有一样的用处。

zhè yàng wǒ men xǔ duō rén zài jī dū lǐ shì yí gè shēn
5 这样，我们许多人在基督里是一个身
tǐ hù xiāng lián luò zuò zhī tǐ
体，互相联络作肢体。

6 우리에게 주신 은혜대로 받은 은사가 각각
다르니 혹 예언이면 믿음의 분수대로,

7 혹 섬기는 일이면 섬기는 일로, 혹 가르치는
자면 가르치는 일로,

8 혹 위로하는 자면 위로하는 일로,
구제하는 자는 성실함으로, 다스리는
자는 부지런함으로, 긍휼을 베푸는 자는
즐거움으로 할 것이니라

9 사랑에는 거짓이 없나니 악을 미워하고
선에 속하라

10 형제를 사랑하여 서로 우애하고
존경하기를 서로 먼저 하며

11 부지런하여 게으르지 말고 열심을 품고
주를 섬기라

12 소망 중에 즐거워하며 환난 중에 참으며
기도에 항상 힘쓰며

13 성도들의 쓸 것을 공급하며 손 대접하기를
힘쓰라

6 わたしたちは、与えられた恵みによっ
て、それぞれ異なった賜物を持っていま
すから、預言の賜物を受けていれば、信
仰に応じて預言し、

7 奉仕の賜物を受けていれば、奉仕に専念
しなさい。また、教える人は教えに、

8 勧める人は勧めに精を出しなさい。施し
をする人は惜しまず施し、指導する人は
熱心に指導し、慈善を行う人は快く行い
なさい。

**キリスト教的生活の規範**

9 愛には偽りがあってはなりません。悪を
憎み、善から離れず、

10 兄弟愛をもって互いに愛し、尊敬をもっ
て互いに相手を優れた者と思いなさい。

11 怠らず励み、霊に燃えて、主に仕えな
さい。

12 希望をもって喜び、苦難を耐え忍び、た
ゆまず祈りなさい。

13 聖なる者たちの貧しさを自分のものとし
て彼らを助け、旅人をもてなすよう努め
なさい。

6 God has also given each of us different gifts to use. If we can prophesy, we should do it according to the amount of faith we have.

7 If we can serve others, we should serve. If we can teach, we should teach.

8 If we can encourage others, we should encourage them. If we can give, we should be generous. If we are leaders, we should do our best. If we are good to others, we should do it cheerfully.

**Rules for Christian Living**

9 Be sincere in your love for others. Hate everything that is evil and hold tight to everything that is good.

10 Love each other as brothers and sisters and honor others more than you do yourself.

11 Never give up. Eagerly follow the Holy Spirit and serve the Lord.

12 Let your hope make you glad. Be patient in time of trouble and never stop praying.

13 Take care of God's needy people and welcome strangers into your home.

àn zhe suǒ dé de ēn diǎn wǒ men gè yǒu bù tóng de ēn
6 按着所得的恩典，我们各有不同的恩
cì huò shuō yù yán yào àn zhe xìn xīn de chéng dù shuō yù
赐：或说预言，要按着信心的程度说预
yán
言；

huò fú shì de yào zhuān yī fú shì huò jiào dǎo de yào
7 或服事的，要专一服事；或教导的，要
zhuān yī jiào dǎo
专一教导；

huò quàn miǎn de yào zhuān yī quàn miǎn shī shě de yào
8 或劝勉的，要专一劝勉；施舍的，要
chéng shí zhì lǐ de yào yīn qín lián mǐn rén de yào
诚实；治理的，要殷勤；怜悯人的，要
lè yì
乐意。

jī dū tú de shēng huó shǒu zé
**基督徒的生活守则**

ài bù kě xū jiǎ è yào yàn wù shàn yào qīn
9 爱，不可虚假；恶，要厌恶；善，要亲
jìn
近。

ài dì xiōng yào xiāng qīn xiāng ài gōng jìng rén yào bǐ cǐ
10 爱弟兄，要相亲相爱；恭敬人，要彼此
tuī ràng
推让；

yīn qín bù kě lǎn duò yào líng lǐ huǒ rè cháng cháng fú
11 殷勤，不可懒惰。要灵里火热；常常服
shì zhǔ
侍主。

zài pàn wàng zhōng yào xǐ lè zài huàn nàn zhōng yào rěn nài
12 在盼望中要喜乐；在患难中要忍耐；
dǎo gào yào héng qiē
祷告要恒切。

shèng tú yǒu quē fá yào gōng jǐ yì xiāng kè yào yīn
13 圣徒有缺乏，要供给；异乡客，要殷
qín kuǎn dài
勤款待。

## 그리스도인의 생활

14 너희를 박해하는 자를 축복하라 축복하고 저주하지 말라

15 즐거워하는 자들과 함께 즐거워하고 우는 자들과 함께 울라

16 서로 마음을 같이하며 높은 데 마음을 두지 말고 도리어 낮은 데 처하며 스스로 지혜 있는 체 하지 말라

17 아무에게도 악을 악으로 갚지 말고 모든 사람 앞에서 선한 일을 도모하라

18 할 수 있거든 너희로서는 모든 사람과 더불어 화목하라

19 내 사랑하는 자들아 너희가 친히 원수를 갚지 말고 하나님의 진노하심에 맡기라 기록되었으되 ㄱ)원수 갚는 것이 내게 있으니 내가 갚으리라고 주께서 말씀하시니라

20 ㄴ)네 원수가 주리거든 먹이고 목마르거든 마시게 하라 그리함으로 네가 숯불을 그 머리에 쌓아 놓으리라

21 악에게 지지 말고 선으로 악을 이기라

14 あなたがたを迫害する者のために祝福を祈りなさい。祝福を祈るのであって、呪ってはなりません。

15 喜ぶ人と共に喜び、泣く人と共に泣きなさい。

16 互いに思いを一つにし、高ぶらず、身分の低い人々と交わりなさい。自分を賢い者とうぬぼれてはなりません。

17 だれに対しても悪に悪を返さず、すべての人の前で善を行うように心がけなさい。

18 できれば、せめてあなたがたは、すべての人と平和に暮らしなさい。

19 愛する人たち、自分で復讐せず、神の怒りに任せなさい。「『復讐はわたしのすること、わたしが報復する』と主は言われる」と書いてあります。

20 「あなたの敵が飢えていたら食べさせ、渇いていたら飲ませよ。そうすれば、燃える炭火を彼の頭に積むことになる。」

21 悪に負けることなく、善をもって悪に勝ちなさい。

ㄱ) 신 32:35
ㄴ) 잠 25:21 이하

14 Ask God to bless everyone who mistreats you. Ask him to bless them and not to curse them.

15 When others are happy, be happy with them, and when they are sad, be sad.

16 Be friendly with everyone. Don't be proud and feel that you are smarter than others. Make friends with ordinary people. [v]

17 Don't mistreat someone who has mistreated you. But try to earn the respect of others,

18 and do your best to live at peace with everyone.

19 Dear friends, don't try to get even. Let God take revenge. In the Scriptures the Lord says, "I am the one to take revenge and pay them back."

20 The Scriptures also say, "If your enemies are hungry, give them something to eat. And if they are thirsty, give them something to drink. This will be the same as piling burning coals on their heads."

21 Don't let evil defeat you, but defeat evil with good.

yào zhù fú pò hài nǐ men de yào zhù fú bù kě zǔ
14 要祝福迫害你们的，要祝福，不可诅
zhòu
咒。

yào yǔ xǐ lè de rén tóng lè yào yǔ āi kū de rén tóng
15 要与喜乐的人同乐；要与哀哭的人同
kū
哭。

yào bǐ cǐ tong xīn bú yào xīn gāo qì ào dǎo yào fǔ
16 要彼此同心，不要心高气傲，倒要俯
jiù bēi wēi de rén bú yào zì yǐ wéi cōngmíng
就卑微的人。不要自以为聪明。

bú yào yǐ è bào è zhòng rén yǐ wéi měi de shì yào liú xīn
17 不要以恶报恶，众人以为美的事要留心
qù zuò
去做。

ruò shì kě xíng zǒngyào jìn lì yǔ zhòng rén hé mù
18 若是可行，总要尽力与众人和睦。

gè wèi qīn ài de bú yào zì jǐ shēnyuān nìng kě gěi
19 各位亲爱的，不要自己伸冤，宁可给
zhǔ de fèn nù liú dì bù yīn wéi jīng shàng jì zhe zhǔ
主的愤怒留地步，因为经上记着："主
shuō shēnyuān zài wǒ wǒ bì bàoyìng
说：伸冤在我，我必报应。"

bú dàn rú cǐ nǐ de chóu dí ruò è le jiù gěi tā
20 不但如此，"你的仇敌若饿了，就给他
chī ruò kě le jiù gěi tā hē yīn wéi nǐ zhè yàng
吃；若渴了，就给他喝。因为你这样
zuò jiù shì bǎ tàn huǒ duī zài tā de tóu shàng
做，就是把炭火堆在他的头上。"

bú yào bèi è suǒ shèng fǎn yào yǐ shànshèng è
21 不要被恶所胜，反要以善胜恶。

v) Make friends with ordinary people: Or "Do ordinary jobs."

# 제 13 장

### 그리스도인과 세상 권세

1 각 사람은 위에 있는 권세들에게 복종하라
권세는 하나님으로부터 나지 않음이
없나니 모든 권세는 다 하나님께서 정하신
바라

2 그러므로 권세를 거스르는 자는 하나님의
명을 거스름이니 거스르는 자들은 심판을
자취하리라

3 다스리는 자들은 선한 일에 대하여
두려움이 되지 않고 악한 일에 대하여
되나니 네가 권세를 두려워하지
아니하려느냐 선을 행하라 그리하면
그에게 칭찬을 받으리라

4 그는 하나님의 사역자가 되어 네게 선을
베푸는 자니라 그러나 네가 악을 행하거든
두려워하라 그가 공연히 칼을 가지지
아니하였으니 곧 하나님의 사역자가 되어
악을 행하는 자에게 진노하심을 따라
보응하는 자니라

5 그러므로 복종하지 아니할 수 없으니 진노
때문에 할 것이 아니라 양심을 따라 할
것이라

6 너희가 조세를 바치는 것도 이로
말미암음이라 그들이 하나님의 일꾼이
되어 바로 이 일에 항상 힘쓰느니라

7 모든 자에게 줄 것을 주되 조세를 받을
자에게 조세를 바치고 관세를 받을 자에게
관세를 바치고 두려워할 자를 두려워하며
존경할 자를 존경하라

# 第 13 章

### 支配者への従順

1 人は皆、上に立つ権威に従うべきです。
神に由来しない権威はなく、今ある権威
はすべて神によって立てられたものだか
らです。
2 従って、権威に逆らう者は、神の定めに
背くことになり、背く者は自分の身に裁
きを招くでしょう。
3 実際、支配者は、善を行う者にはそう
ではないが、悪を行う者には恐ろしい存
在です。あなたは権威者を恐れないこと
を願っている。それなら、善を行いなさ
い。そうすれば、権威者からほめられる
でしょう。
4 権威者は、あなたに善を行わせるため
に、神に仕える者なのです。しかし、も
し悪を行えば、恐れなければなりませ
ん。権威者はいたずらに剣を帯びている
のではなく、神に仕える者として、悪を
行う者に怒りをもって報いるのです。
5 だから、怒りを逃れるためだけでなく、
良心のためにも、これに従うべきです。
6 あなたがたが貢を納めているのもそのた
めです。権威者は神に仕える者であり、
そのことに励んでいるのです。
7 すべての人々に対して自分の義務を果たし
なさい。貢を納めるべき人には貢を納め、
税を納めるべき人には税を納め、恐るべき
人は恐れ、敬うべき人は敬いなさい。

# Chapter 13

## Obey Rulers

1 Obey the rulers who have authority over you. Only God can give authority to anyone, and he puts these rulers in their places of power.

2 People who oppose the authorities are opposing what God has done, and they will be punished.

3 Rulers are a threat to evil people, not to good people. There is no need to be afraid of the authorities. Just do right, and they will praise you for it.

4 After all, they are God's servants, and it is their duty to help you.

If you do something wrong, you ought to be afraid, because these rulers have the right to punish you. They are God's servants who punish criminals to show how angry God is.

5 But you should obey the rulers because you know it is the right thing to do, and not just because of God's anger.

6 You must also pay your taxes. The authorities are God's servants, and it is their duty to take care of these matters.

7 Pay all that you owe, whether it is taxes and fees or respect and honor.

dì shísān zhāng
# 第 13 章

shùn fú zhǎngquán zhě
## 顺服掌权者

zài shàng yǒu quánbǐng de rén rén yào shùn fú yīn wèi méi
1 在上有权柄的，人人要顺服，因为没
yǒu quánbǐng bú shì lái zì shàng dì de zhǎngquán de dōu shì
有权柄不是来自上帝的。掌权的都是
shàng dì suǒ lì de
上帝所立的。

suǒ yǐ kàng jù zhǎngquán de jiù shì kàng jù shàng dì suǒ lì
2 所以，抗拒掌权的就是抗拒上帝所立
de kàng jù de rén bì zì zhāoshěnpàn
的；抗拒的人必自招审判。

zuò guān de yuán bú shì yào shǐ xíngshàn de jù pà ér shì
3 作官的原不是要使行善的惧怕，而是
yào shǐ zuò è de jù pà nǐ yuàn yì bú jù pà zhǎng
要使作恶的惧怕。你愿意不惧怕掌
quán de ma zhǐ yào xíngshàn nǐ jiù kě dé tā de chēng
权的吗？只要行善，你就可得他的称
zàn
赞；

yīn wèi tā shì shàng dì de yòng rén shì yǔ nǐ yǒu yì
4 因为他是上帝的用人，是与你有益
de nǐ ruò zuò è jiù gāi jù pà yīn wèi tā bú shì
的。你若作恶，就该惧怕，因为他不是
tú rán pèi jiàn tā shì shàng dì de yòng rén wèi shàng dì
徒然佩剑；他是上帝的用人，为上帝
de fèn nù bàoyìng zuò è de
的愤怒，报应作恶的。

suǒ yǐ nǐ men bì xū shùn fú bú dàn shì yīn shàng dì
5 所以，你们必须顺服，不但是因上帝
de fèn nù yě shì yīn zhe liáng xīn
的愤怒，也是因着良心。

nǐ men nà liáng yě wèi zhè gè yuán gù yīn tā men shì shàng
6 你们纳粮也为这个缘故，因他们是上
dì de pú yì zhuānguǎn zhè shì
帝的仆役，专管这事。

fán rén suǒ dāng dé de jiù gěi tā dāng dé liáng de
7 凡人所当得的，就给他。当得粮的，
gěi tā nà liáng dāng dé shuì de gěi tā shàng shuì
给他纳粮；当得税的，给他上税；
dāng jù pà de jù pà tā dānggōng jìng de gōng jìng
当惧怕的，惧怕他；当恭敬的，恭敬
tā
他。

### 사랑은 율법의 완성

8 피차 사랑의 빚 외에는 아무에게든지 아무
빚도 지지 말라 남을 사랑하는 자는 율법을
다 이루었느니라

9 ㄱ)간음하지 말라, 살인하지 말라,
도둑질하지 말라, 탐내지 말라 한 것과 그
외에 다른 계명이 있을지라도 네 이웃을 네
자신과 같이 사랑하라 하신 그 말씀 가운데
다 들었느니라

10 사랑은 이웃에게 악을 행하지 아니하나니
그러므로 사랑은 율법의 완성이니라

### 구원의 때가 가까워졌다

11 또한 너희가 이 시기를 알거니와 자다가
깰 때가 벌써 되었으니 이는 이제 우리의
구원이 처음 믿을 때보다 가까웠음이라

12 밤이 깊고 낮이 가까웠으니 그러므로
우리가 어둠의 일을 벗고 빛의 갑옷을 입자

13 낮에와 같이 단정히 행하고 방탕하거나 술
취하지 말며 음란하거나 호색하지 말며
다투거나 시기하지 말고

14 오직 주 예수 그리스도로 옷 입고 정욕을
위하여 육신의 일을 도모하지 말라

### 隣人愛

8 互いに愛し合うことのほかは、だれに対
しても借りがあってはなりません。人を
愛する者は、律法を全うしているので
す。

9 「姦淫するな、殺すな、盗むな、むさぼ
るな」、そのほかどんな掟があっても、
「隣人を自分のように愛しなさい」とい
う言葉に要約されます。

10 愛は隣人に悪を行いません。だから、愛
は律法を全うするものです。

### 救いは近づいている

11 更に、あなたがたは今がどんな時である
かを知っています。あなたがたが眠りか
ら覚めるべき時が既に来ています。今
や、わたしたちが信仰に入ったころより
も、救いは近づいているからです。

12 夜は更け、日は近づいた。だから、闇の
行いを脱ぎ捨てて光の武具を身に着けま
しょう。

13 日中を歩むように、品位をもって歩もう
ではありませんか。酒宴と酩酊、淫乱と
好色、争いとねたみを捨て、

14 主イエス・キリストを身にまといなさ
い。欲望を満足させようとして、肉に心
を用いてはなりません。

ㄱ) 출 20:13 이하; 신 5:17 이하

### Love

8 Let love be your only debt! If you love others, you have done all that the Law demands.

9 In the Law there are many commands, such as, "Be faithful in marriage. Do not murder. Do not steal. Do not want what belongs to others." But all of these are summed up in the command that says, "Love others as much as you love yourself."

10 No one who loves others will harm them. So love is all that the Law demands.

### The Day When Christ Returns

11 You know what sort of times we live in, and so you should live properly. It is time to wake up. You know that the day when we will be saved is nearer now than when we first put our faith in the Lord.

12 Night is almost over, and day will soon appear. We must stop behaving as people do in the dark and be ready to live in the light.

13 So behave properly, as people do in the day. Don't go to wild parties or get drunk or be vulgar or indecent. Don't quarrel or be jealous.

14 Let the Lord Jesus Christ be as near to you as the clothes you wear. Then you won't try to satisfy your selfish desires.

ài chéngquán lǜ fǎ
### 爱成全律法

nǐ men chú le bǐ cǐ xiāng ài duì rèn hé rén dōu bù kě
8 你们除了彼此相爱，对任何人都不可
kuī qiànshén me yīn wèi nà ài ren de jiù chéngquán le lǜ
亏欠什么，因为那爱人的就成全了律
fǎ
法。

nà bù kě jiān yín bù kě shā rén bù kě tōu dào bù
9 那不可奸淫，不可杀人，不可偷盗，不
kě tān lán huò bié de jiè mìng dōu bāo kuò zài ài lín
可贪婪，或别的诫命，都包括在“爱邻
rú jǐ zhè yí jù huà zhī nèi le
如己”这一句话之内了。

ài shì bú duì lín rén zuò è suǒ yǐ ài jiù chéngquán le
10 爱是不对邻人作恶，所以爱就成全了
lǜ fǎ
律法。

bái zhòujiāng jìn
### 白昼将近

hái yǒu nǐ men yào zhī dào xiàn zài zhèng shì gāi cóng shuì
11 还有，你们要知道，现在正是该从睡
mèngzhōngxǐng lái de shí hou le yīn wèi wǒ men dé jiù
梦中醒来的时候了；因为我们得救，
xiàn zài bǐ chū xìn de shí hou gèng jìn le
现在比初信的时候更近了。

hēi yè yǐ shēn bái zhòujiāng jìn suǒ yǐ wǒ men gāi chú
12 黑夜已深，白昼将近。所以我们该除
qù àn mèi de xíng wéi dài shàngguāngmíng de bīng qì
去暗昧的行为，带上光明的兵器。

xíng shì wéi rén yào duānzhèng hǎo xiàng zài bái zhòu xíng zǒu
13 行事为人要端正，好像在白昼行走。
bù kě huāng yàn zuì jiǔ bù kě hào sè yín dàng bù kě
不可荒宴醉酒；不可好色淫荡；不可
fēn zhēng jì dù
纷争嫉妒。

zǒng yào pī dài zhǔ yē sū jī dū bú yào zhǐ gù mǎn zú
14 总要披戴主耶稣基督，不要只顾满足
ròu tǐ qù fàng zòng sī yù
肉体，去放纵私欲。

# 제 14 장

### 형제를 비판하지 말라

1 믿음이 연약한 자를 너희가 받되 그의
의견을 비판하지 말라

2 어떤 사람은 모든 것을 먹을 만한 믿음이
있고 믿음이 연약한 자는 채소만 먹느니라

3 먹는 자는 먹지 않는 자를 업신여기지 말고
먹지 않는 자는 먹는 자를 비판하지 말라
이는 하나님이 그를 받으셨음이라

4 남의 하인을 비판하는 너는 누구냐 그가 서
있는 것이나 넘어지는 것이 자기 주인에게
있으매 그가 세움을 받으리니 이는 그를
세우시는 권능이 주께 있음이라

5 어떤 사람은 이 날을 저 날보다 낫게 여기고
어떤 사람은 모든 날을 같게 여기나니 각각
자기 마음으로 확정할지니라

6 날을 중히 여기는 자도 주를 위하여 중히
여기고 먹는 자도 주를 위하여 먹으니
이는 하나님께 감사함이요 먹지 않는 자도
주를 위하여 먹지 아니하며 하나님께
감사하느니라

7 우리 중에 누구든지 자기를 위하여 사는
자가 없고 자기를 위하여 죽는 자도 없도다

# 第 14 章

### 兄弟を裁いてはならない

1 信仰の弱い人を受け入れなさい。その考
えを批判してはなりません。
2 何を食べてもよいと信じている人もいま
すが、弱い人は野菜だけを食べているの
です。
3 食べる人は、食べない人を軽蔑してはな
らないし、また、食べない人は、食べる
人を裁いてはなりません。神はこのよう
な人をも受け入れられたからです。
4 他人の召し使いを裁くとは、いったいあ
なたは何者ですか。召し使いが立つのも
倒れるのも、その主人によるのです。し
かし、召し使いは立ちます。主は、その
人を立たせることがおできになるからで
す。
5 ある日を他の日よりも尊ぶ人もいれば、
すべての日を同じように考える人もいま
す。それは、各自が自分の心の確信に基
づいて決めるべきことです。
6 特定の日を重んじる人は主のために重ん
じる。食べる人は主のために食べる。神
に感謝しているからです。また、食べな
い人も、主のために食べない。そして、
神に感謝しているのです。
7 わたしたちの中には、だれ一人自分のた
めに生きる人はなく、だれ一人自分のた
めに死ぬ人もいません。

# Chapter 14

## Don't Criticize Others

1 Welcome all the Lord's followers,
even those whose faith is weak. Don't
criticize them for having beliefs
that are different from yours.

2 Some think it is all right to eat
anything, while those whose faith
is weak will eat only vegetables.

3 But you should not criticize others
for eating or for not eating. After
all, God welcomes everyone.

4 What right do you have to criticize
someone else's servants? Only
their Lord can decide if they are
doing right, and the Lord will
make sure that they do right.

5 Some of the Lord's followers think
one day is more important than
another. Others think all days are
the same. But each of you should
make up your own mind.

6 Any followers who count one day
more important than another day do it
to honor their Lord. And any followers
who eat meat give thanks to God, just
like the ones who don't eat meat.

7 Whether we live or die, it must be
for God, rather than for ourselves.

dì shísì zhāng
# 第 14 章

bù kě píngduàn dì xiong
## 不可评断弟兄

xìn xīn ruǎn ruò de nǐ men yào jiē nà bù tóng de yì
1 信心软弱的，你们要接纳，不同的意
jiàn bú yào zhēng lùn
见，不要争论。

yǒu rén xìn shén me dōu kě chī dàn nà ruǎn ruò de zhǐ
2 有人信什么都可吃；但那软弱的，只
chī shū cài
吃蔬菜。

chī de rén bù kě qīng kàn bù chī de rén bù chī de rén
3 吃的人不可轻看不吃的人；不吃的人
yě bù kě píngduàn chī de rén yīn wèi shàng dì yǐ jīng jiē
也不可评断吃的人，因为上帝已经接
nà tā le
纳他了。

nǐ shì shuí jìng píngduàn bié rén de pú rén ne tā huò
4 你是谁，竟评断别人的仆人呢？他或
zhàn lì huò diē dǎo zì yǒu tā de zhǔ rén zài ér qiě
站立或跌倒，自有他的主人在，而且
tā yě bì huì zhàn lì yīn wèi zhǔ néng shǐ tā zhànwěn
他也必会站立，因为主能使他站稳。

yǒu rén kàn zhè rì bǐ nà rì qiáng yǒu rén kàn rì rì dōu shì
5 有人看这日比那日强；有人看日日都是
yí yàng zhǐ shì gè rén yào zài zì jǐ de xīn yì shàng jiān
一样。只是各人要在自己的心意上坚
dìng
定。

shǒu rì zi de rén shì wéi zhǔ shǒu de chī de rén shì wéi
6 守日子的人是为主守的。吃的人是为
zhǔ chī de yīn tā gǎn xiè shàng dì bù chī de rén shì
主吃的，因他感谢上帝；不吃的人是
wéi zhǔ bù chī de tā yě gǎn xiè shàng dì
为主不吃的，他也感谢上帝。

wǒ men méi yǒu yí gè rén wèi zì jǐ ér huó yě méi yǒu yí
7 我们没有一个人为自己而活，也没有一
gè rén wèi zì jǐ ér sǐ
个人为自己而死。

8 우리가 살아도 주를 위하여 살고 죽어도
주를 위하여 죽나니 그러므로 사나 죽으나
우리가 주의 것이로다

9 이를 위하여 그리스도께서 죽었다가 다시
살아나셨으니 곧 죽은 자와 산 자의 주가
되려 하심이라

10 네가 어찌하여 네 형제를 비판하느냐
어찌하여 네 형제를 업신여기느냐 우리가
다 하나님의 심판대 앞에 서리라

11 기록되었으되 ㄱ)주께서 이르시되 내가
살았노니 모든 무릎이 내게 꿇을 것이요
모든 혀가 1)하나님께 자백하리라
하였느니라

12 이러므로 우리 각 사람이 자기 일을
하나님께 직고하리라

**형제로 거리끼게 하지 말라**

13 그런즉 우리가 다시는 서로 비판하지 말고
도리어 부딪칠 것이나 거칠 것을 형제 앞에
두지 아니하도록 2)주의하라

14 내가 주 예수 안에서 알고 확신하노니
무엇이든지 스스로 속된 것이 없으되 다만
속되게 여기는 그 사람에게는 속되니라

8 わたしたちは、生きるとすれば主のため
に生き、死ぬとすれば主のために死ぬの
です。従って、生きるにしても、死ぬに
しても、わたしたちは主のものです。

9 キリストが死に、そして生きたのは、死
んだ人にも生きている人にも主となられ
るためです。

10 それなのに、なぜあなたは、自分の兄弟
を裁くのですか。また、なぜ兄弟を侮る
のですか。わたしたちは皆、神の裁きの
座の前に立つのです。

11 こう書いてあります。
「主は言われる。
『わたしは生きている。
すべてのひざはわたしの前にかがみ、す
べての舌が神をほめたたえる』と。」

12 それで、わたしたちは一人一人、自分の
ことについて神に申し述べることになる
のです。

**兄弟を罪に誘ってはならない**

13 従って、もう互いに裁き合わないように
しよう。むしろ、つまずきとなるもの
や、妨げとなるものを、兄弟の前に置か
ないように決心しなさい。

14 それ自体で汚れたものは何もないと、わ
たしは主イエスによって知り、そして確
信しています。汚れたものだと思うなら
ば、それは、その人にだけ汚れたもので
す。

1) 또는 하나님을 찬미하리라
2) 또는 판단하라

ㄱ) 사 45:23

8 Whether we live or die, it must
be for the Lord. Alive or dead,
we still belong to the Lord.

9 This is because Christ died and
rose to life, so that he would be the
Lord of the dead and of the living.

10 Why do you criticize other followers
of the Lord? Why do you look
down on them? The day is coming
when God will judge all of us.

11 In the Scriptures God says, "I swear
by my very life that everyone will
kneel down and praise my name!"

12 And so, each of us must give an
account to God for what we do.

**Don't Cause Problems for Others**

13 We must stop judging others. We
must also make up our minds
not to upset anyone's faith.

14 The Lord Jesus has made it clear to me
that God considers all foods fit to eat.
But if you think some foods are unfit
to eat, then for you they are not fit.

wǒ men ruò huó shì wèi zhǔ ér huó wǒ men ruò sǐ shì
8 我们若活，是为主而活；我们若死，是
wèi zhǔ ér sǐ suǒ yǐ wǒ men huò sǐ huò huó zǒng shì
为主而死。所以，我们或死或活总是
zhǔ de rén
主的人。

wèi cǐ jī dū sǐ le yòu huó le wèi yào zuò sǐ rén
9 为此，基督死了，又活了，为要作死人
hé huó rén de zhǔ
和活人的主。

kě shì nǐ nǐ wèi shén me píng duàn dì xiong ne nǐ yòu
10 可是你，你为什么评断弟兄呢？你又
wèi shén me qīng kàn dì xiong ne yīn wǒ men dōu yào zhàn zài
为什么轻看弟兄呢？因我们都要站在
shàng dì de shěn pàn tái qián
上帝的审判台前。

jīng shàng xiě zhe
11 经上写着：
zhǔ shuō wǒ yǐ wǒ de shēng mìng qǐ shì
主说，我以我的生命起誓：
wàn xī bì xiàng wǒ guì bài
万膝必向我跪拜；
wàn kǒu bì chēng sòng shàng dì
万口必称颂上帝。

zhè yàng kàn lái wǒ men gè rén yí dìng yào bǎ zì jǐ de
12 这样看来，我们各人一定要把自己的
shì zài shàng dì miàn qián jiāo dài
事在上帝面前交代。

bù kě shǐ dì xiong diē dǎo
**不可使弟兄跌倒**

suǒ yǐ wǒ men bù kě zài bǐ cǐ píng duàn nìng kě jué yì
13 所以，我们不可再彼此评断，宁可决意
bù gěi dì xiong fàng zhì zhàng ài huò bàn jiǎo shí
不给弟兄放置障碍或绊脚石。

wǒ píng zhe zhǔ yē sū què zhī shēn xìn fán wù běn lái méi
14 我凭着主耶稣确知深信，凡物本来没
yǒu bù jié jìng de chú fēi rén yǐ wéi bù jié jìng de zài
有不洁净的，除非人以为不洁净的，在
tā jiù bù jié jìng le
他就不洁净了。

15 만일 음식으로 말미암아 네 형제가
근심하게 되면 이는 네가 사랑으로 행하지
아니함이라 그리스도께서 대신하여 죽으신
형제를 네 음식으로 망하게 하지 말라

16 그러므로 너희의 선한 것이 비방을 받지
않게 하라

17 하나님의 나라는 먹는 것과 마시는 것이
아니요 오직 성령 안에 있는 의와 평강과
희락이라

18 이로써 그리스도를 섬기는 자는 하나님을
기쁘시게 하며 사람에게도 칭찬을
받느니라

19 그러므로 우리가 화평의 일과 서로 덕을
세우는 일을 힘쓰나니

20 음식으로 말미암아 하나님의 사업을
무너지게 하지 말라 만물이 다 깨끗하되
거리낌으로 먹는 사람에게는 악한 것이라

21 고기도 먹지 아니하고 포도주도 마시지
아니하고 무엇이든지 네 형제로 거리끼게
하는 일을 아니함이 아름다우니라

22 네게 있는 믿음을 하나님 앞에서 스스로
가지고 있으라 자기가 옳다 하는 바로
자기를 정죄하지 아니하는 자는 복이
있도다

23 의심하고 먹는 자는 정죄되었나니 이는
믿음을 따라 하지 아니하였기 때문이라
믿음을 따라 하지 아니하는 것은 다 죄니라

15 あなたの食べ物について兄弟が心を痛め
るならば、あなたはもはや愛に従って歩
んでいません。食べ物のことで兄弟を滅
ぼしてはなりません。キリストはその兄
弟のために死んでくださったのです。

16 ですから、あなたがたにとって善いことが
そしりの種にならないようにしなさい。

17 神の国は、飲み食いではなく、聖霊によっ
て与えられる義と平和と喜びなのです。

18 このようにしてキリストに仕える人は、
神に喜ばれ、人人に信頼されます。

19 だから、平和や互いの向上に役立つこと
を追い求めようではありませんか。

20 食べ物のために神の働きを無にしてはなり
ません。すべては清いのですが、食べて人
を罪に誘う者には悪い物となります。

21 肉も食べなければぶどう酒も飲まず、そ
のほか兄弟を罪に誘うようなことをしな
いのが望ましい。

22 あなたは自分が抱いている確信を、神の御
前で心の内に持っていなさい。自分の決心
にやましさを感じない人は幸いです。

23 疑いながら食べる人は、確信に基づいて
行動していないので、罪に定められま
す。確信に基づいていないことは、すべ
て罪なのです。

15 If you are hurting others by the foods you eat, you are not guided by love. Don't let your appetite destroy someone Christ died for.

16 Don't let your right to eat bring shame to Christ.

17 God's kingdom isn't about eating and drinking. It is about pleasing God, about living in peace, and about true happiness. All this comes from the Holy Spirit.

18 If you serve Christ in this way, you will please God and be respected by people.

19 We should try [w] to live at peace and help each other have a strong faith.

20 Don't let your appetite destroy what God has done. All foods are fit to eat, but it is wrong to cause problems for others by what you eat.

21 It is best not to eat meat or drink wine or do anything else that causes problems for other followers of the Lord.

22 What you believe about these things should be kept between you and God. You are fortunate, if your actions don't make you have doubts.

23 But if you do have doubts about what you eat, you are going against your beliefs. And you know that is wrong, because anything you do against your beliefs is sin.

nǐ ruò yīn shí wù shǐ dì xiong yōu chóu jiù bú shì àn zhe
15 你若因食物使弟兄忧愁，就不是按着
ài xīn xíng shì jī dū yǐ jīng wèi tā sǐ nǐ bù kě yīn
爱心行事。基督已经为他死，你不可因
nǐ de shí wù shǐ tā bài huài
你的食物使他败坏。

suǒ yǐ bù kě ràng nǐ men de shàn bèi rén huǐ bàng
16 所以，不可让你们的善被人毁谤。

yīn wèi shàng dì de guó bú zài hu yǐn shí ér zài hu gōng
17 因为上帝的国不在乎饮食，而在乎公
yì hé píng jí shèng líng zhōng de xǐ lè
义、和平，及圣灵中的喜乐。

fán zhè yàng fú shì jī dū de jiù wéi shàng dì suǒ xǐ
18 凡这样服侍基督的，就为上帝所喜
yuè yòu wéi rén suǒ zàn xǔ suǒ yǐ wǒ men wù yào zhuī
悦，又为人所赞许。所以，我们务要追
qiú hé píng yǔ bǐ cǐ zào jiù de shì
求和平与彼此造就的事。

bù kě yīn shí wù huǐ huài shàng dì de gōng zuò yí qiè dōu
20 不可因食物毁坏上帝的工作。一切都
shì jié jìng de dàn yǒu rén yīn shí wù shǐ rén diē dǎo zhè
是洁净的，但有人因食物使人跌倒，这
zài tā jiù shì è le
在他就是恶了。

wú lùn shì chī ròu shì hē jiǔ shì shén me bié de shì
21 无论是吃肉是喝酒，是什么别的事，
shǐ dì xiōng diē dǎo yí gài bú zuò cái shì shàn de
使弟兄跌倒，一概不做，才是善的。

nǐ yǒu xìn xīn jiù yào zài shàng dì miàn qián chí shǒu rén
22 你有信心，就要在上帝面前持守。人
néng zài zì jǐ yǐ wéi kě xíng de shì shàng bú zì zé jiù yǒu
能在自己以为可行的事上不自责就有
fú le
福了。

ruò yǒu rén yí huò ér chī de jiù bèi dìng zuì yīn wéi tā
23 若有人疑惑而吃的，就被定罪，因为他
chī bú shì chū yú xìn xīn fán bú chū yú xìn xīn de dōu shì
吃不是出于信心。凡不出于信心的都是
zuì
罪。

w) We should try: Some manuscripts have "We try."

# 제 15 장

### 선을 이루고 덕을 세우라

1 믿음이 강한 우리는 마땅히 믿음이 약한
자의 약점을 담당하고 자기를 기쁘게 하지
아니할 것이라

2 우리 각 사람이 이웃을 기쁘게 하되 선을
이루고 덕을 세우도록 할지니라

3 그리스도께서도 자기를 기쁘게 하지
아니하셨나니 기록된 바 [ㄱ]주를 비방하는
자들의 비방이 내게 미쳤나이다 함과
같으니라

4 무엇이든지 전에 기록된 바는 우리의
교훈을 위하여 기록된 것이니 우리로
하여금 인내로 또는 성경의 위로로 소망을
가지게 함이니라

5 이제 인내와 위로의 하나님이 너희로
그리스도 예수를 본받아 서로 뜻이 같게
하여 주사

6 한마음과 한 입으로 하나님 곧 우리 주 예수
그리스도의 아버지께 영광을 돌리게 하려
하노라

7 그러므로 그리스도께서 우리를 받아
하나님께 영광을 돌리심과 같이 너희도
서로 받으라

# 第 15 章

### 自分ではなく隣人を喜ばせる

1 わたしたち強い者は、強くない者の弱さ
を担うべきであり、自分の満足を求める
べきではありません。

2 おのおの善を行って隣人を喜ばせ、互い
の向上に努めるべきです。

3 キリストも御自分の満足はお求めになり
ませんでした。「あなたをそしる者のそ
しりが、わたしにふりかかった」と書い
てあるとおりです。

4 かつて書かれた事柄は、すべてわたしたち
を教え導くためのものです。それでわたし
たちは、聖書から忍耐と慰めを学んで希望
を持ち続けることができるのです。

5 忍耐と慰めの源である神が、あなたがた
に、キリスト・イエスに倣って互いに同
じ思いを抱かせ、

6 心を合わせ声をそろえて、わたしたちの主
イエス・キリストの神であり、父である方
をたたえさせてくださいますように。

### 福音はユダヤ人と異邦人のためにある

7 だから、神の栄光のためにキリストがあ
なたがたを受け入れてくださったよう
に、あなたがたも互いに相手を受け入れ
なさい。

ㄱ) 시 69:9

# Chapter 15

### Please Others and Not Yourself

1 If our faith is strong, we should be patient with the Lord's followers whose faith is weak. We should try to please them instead of ourselves.

2 We should think of their good and try to help them by doing what pleases them.

3 Even Christ did not try to please himself. But as the Scriptures say, "The people who insulted you also insulted me."

4 And the Scriptures were written to teach and encourage us by giving us hope.

5 God is the one who makes us patient and cheerful. I pray that he will help you live at peace with each other, as you follow Christ.

6 Then all of you together will praise God, the Father of our Lord Jesus Christ.

### The Good News Is for Jews and Gentiles

7 Honor God by accepting each other, as Christ has accepted you.

dì shíwǔ zhāng
# 第 15 章

yàoràng lín rén xǐ yuè
### 要让邻人喜悦

wǒ men jiān qiáng de rén yīng gāi fēn dān bù jiān qiáng de rén de
1 我们坚强的人应该分担不坚强的人的
ruǎn ruò bù qiú zì jǐ de xǐ yuè
软弱，不求自己的喜悦。

wǒ men gè rén wù bì yào ràng lín rén xǐ yuè shǐ tā dé
2 我们各人务必要让邻人喜悦，使他得
yì chu dé zào jiù
益处，得造就。

yīn wèi jī dū yě bù qiú zì jǐ de xǐ yuè rú jīng shàng
3 因为基督也不求自己的喜悦，如经上
suǒ jì rǔ mà nǐ de rén de rǔ mà dōu luò zài wǒ shēn
所记："辱骂你的人的辱骂都落在我身
shàng
上。"

cóngqián suǒ xiě de shèngjīng dōu shì wéi jiào dǎo wǒ men xiě
4 从前所写的圣经都是为教导我们写
de yào shǐ wǒ men jiè zhe rěn nài hé yīn shèngjīng suǒ shēng
的，要使我们借着忍耐和因圣经所生
de ān wèi dé zhe pànwàng
的安慰，得着盼望。

dànyuàn cì rěn nài hé ān wèi de shàng dì shǐ nǐ men bǐ cǐ
5 但愿赐忍耐和安慰的上帝使你们彼此
tóng xīn xiào fǎ jī dū yē sū
同心，效法基督耶稣，

wèi shǐ nǐ mentóng xīn tóngshēngróngyào wǒ men zhǔ yē sū jī
6 为使你们同心同声荣耀我们主耶稣基
dū de fù shàng dì
督的父上帝！

shàng dì de fú yīn yí shì tóng rén
### 上帝的福音一视同仁

suǒ yǐ nǐ men yào bǐ cǐ jiē nà rú tóng jī dū jiē
7 所以，你们要彼此接纳，如同基督接
nǐ men yí yàng guī róng yào gěi shàng dì
你们一样，归荣耀给上帝。

8 내가 말하노니 그리스도께서 하나님의
진실하심을 위하여 할례의 추종자가
되셨으니 이는 조상들에게 주신 약속들을
견고하게 하시고

9 이방인들도 그 긍휼하심으로 말미암아
하나님께 영광을 돌리게 하려 하심이라
기록된 바 [ㄴ]그러므로 내가 열방 중에서
주께 감사하고 주의 이름을 찬송하리로다
함과 같으니라

10 또 이르되 [ㄷ]열방들아 주의 백성과 함께
즐거워하라 하였으며

11 또 [ㄹ]모든 열방들아 주를 찬양하며 모든
백성들아 그를 찬송하라 하였으며

12 또 이사야가 이르되 [ㅁ]이새의 뿌리 곧
열방을 다스리기 위하여 일어나시는 이가
있으리니 열방이 그에게 소망을 두리라
하였느니라

13 소망의 하나님이 모든 기쁨과 평강을
믿음 안에서 너희에게 충만하게 하사
성령의 능력으로 소망이 넘치게 하시기를
원하노라

### 하나님의 복음의 제사장 직분

14 내 형제들아 너희가 스스로 선함이
가득하고 모든 지식이 차서 능히 서로
권하는 자임을 나도 확신하노라

8 わたしは言う。キリストは神の真実を現
すために、割礼ある者たちに仕える者と
なられたのです。それは、先祖たちに対
する約束を確証されるためであり、

9 異邦人が神をその憐れみのゆえにたたえ
るようになるためです。

「そのため、わたしは異邦人の中であな
たをたたえ、あなたの名をほめ歌おう」
と書いてあるとおりです。

10 また、「異邦人よ、主の民と共に喜べ」
と言われ、

11 更に、「すべての異邦人よ、主をたたえ
よ。すべての民は主を賛美せよ」と言わ
れています。

12 また、イザヤはこう言っています。「エ
ッサイの根から芽が現れ、異邦人を治め
るために立ち上がる。異邦人は彼に望み
をかける。」

13 希望の源である神が、信仰によって得ら
れるあらゆる喜びと平和とであなたがた
を満たし、聖霊の力によって希望に満ち
あふれさせてくださるように。

### 宣教者パウロの使命

14 兄弟たち、あなたがた自身は善意に満
ち、あらゆる知識で満たされ、互いに戒
め合うことができると、このわたしは確
信しています。

ㄴ) 시 18:49
ㄷ) 신 32:43
ㄹ) 시 117:1
ㅁ) 사 11:10

8 I tell you that Christ came as a servant
of the Jews to show that God has
kept the promises he made to their
famous ancestors. Christ also came,

wǒ shuō jī dū shì wèi shàng dì zhēn lǐ zuò le shòu gē
8 我说，基督是为上帝真理作了受割
lǐ de rén de zhí shì yào zhèng shí suǒ yīng xǔ liè zǔ de
礼的人的执事，要证实所应许列祖的
huà
话，

9 so that the Gentiles would praise
God for being kind to them. It is
just as the Scriptures say, "I will
tell the nations about you, and I
will sing praises to your name."

bìng shǐ wài bāng rén yīn tā de lián mǐn róng yào shàng
9 并使外邦人，因他的怜悯，荣耀上
dì rú jīng shàng suǒ jì yīn cǐ wǒ yào zài wài bāng
帝。如经上所记：因此，我要在外邦
zhōng chēng sòng nǐ gē sòng nǐ de míng
中称颂你，歌颂你的名。

10 The Scriptures also say to the
Gentiles, "Come and celebrate
with God's people."

yòu shuō wài bāng rén nǎ nǐ men yào yǔ zhǔ de zǐ mín
10 又说：外邦人哪，你们要与主的子民
yì tóng huān lè
一同欢乐。

11 Again the Scriptures say, "Praise
the Lord, all you Gentiles. All you
nations, come and worship him."

yòu shuō liè bāng ā nǐ men yào zàn měi zhǔ wàn mín
11 又说：列邦啊，你们要赞美主！万民
nǎ nǐ men dōu yào sòng zàn tā
哪，你们都要颂赞他！

12 Isaiah says, "Someone from David's
family will come to power. He
will rule the nations, and they
will put their hope in him."

yòu yǒu yǐ sài yà shuō jiāng lái yǒu yē xī de gēn jiù shì
12 又有以赛亚说：将来有耶西的根，就是
nà xīng qǐ lái yào zhì lǐ liè bāng de wài bāng rén yào yǎng
那兴起来要治理列邦的；外邦人要仰
wàng tā
望他。

13 I pray that God, who gives hope,
will bless you with complete
happiness and peace because of
your faith. And may the power of
the Holy Spirit fill you with hope.

yuàn cì pàn wàng de shàng dì yīn nǐ men de xìn bǎ gè yàng
13 愿赐盼望的上帝，因你们的信把各样
de xǐ lè píng ān chōng mǎn nǐ men de xīn shǐ nǐ men
的喜乐、平安充满你们的心，使你们
jiè zhe shèng líng de néng lì dà yǒu pàn wàng
借着圣灵的能力大有盼望！

### Paul's Work as a Missionary

bǎo luó de xuān jiào shǐ mìng
### 保罗的宣教使命

14 My friends, I am sure that you are
very good and that you have all the
knowledge you need to teach each
other.

wǒ de dì xiong men wǒ běn rén yě shēn xìn nǐ men zì jǐ
14 我的弟兄们，我本人也深信你们自己
chōng mǎn liáng shàn yǒu gè zhǒng fēng fù de zhī shi yě
充满良善，有各种丰富的知识，也
néng bǐ cǐ quàn jiè
能彼此劝戒。

15 그러나 내가 너희로 다시 생각나게 하려고 하나님께서 내게 주신 은혜로 말미암아 더욱 담대히 대략 너희에게 썼노니

16 이 은혜는 곧 나로 이방인을 위하여 그리스도 예수의 일꾼이 되어 하나님의 복음의 제사장 직분을 하게 하사 이방인을 제물로 드리는 것이 성령 안에서 거룩하게 되어 받으실 만하게 하려 하심이라

17 그러므로 내가 그리스도 예수 안에서 하나님의 일에 대하여 자랑하는 것이 있거니와

18 그리스도께서 이방인들을 순종하게 하기 위하여 나를 통하여 역사하신 것 외에는 내가 감히 말하지 아니하노라 그 일은 말과 행위로

19 표적과 기사의 능력으로 성령의 능력으로 이루어졌으며 그리하여 내가 예루살렘으로부터 두루 행하여 일루리곤까지 그리스도의 복음을 [1]편만하게 전하였노라

20 또 내가 그리스도의 이름을 부르는 곳에는 복음을 전하지 않기를 힘썼노니 이는 남의 터 위에 건축하지 아니하려 함이라

21 기록된 바 [ㅂ]주의 소식을 받지 못한 자들이 볼 것이요 듣지 못한 자들이 깨달으리라 함과 같으니라

15 記憶を新たにしてもらおうと、この手紙ではところどころかなり思い切って書きました。それは、わたしが神から恵みをいただいて、

16 異邦人のためにキリスト・イエスに仕える者となり、神の福音のために祭司の役を務めているからです。そしてそれは、異邦人が、聖霊によって聖なるものとされた、神に喜ばれる供え物となるためにほかなりません。

17 そこでわたしは、神のために働くことをキリスト・イエスによって誇りに思っています。

18 キリストがわたしを通して働かれたこと以外は、あえて何も申しません。キリストは異邦人を神に従わせるために、わたしの言葉と行いを通して、

19 また、しるしや奇跡の力、神の霊の力によって働かれました。こうしてわたしは、エルサレムからイリリコン州まで巡って、キリストの福音をあまねく宣べ伝えました。

20 このようにキリストの名がまだ知られていない所で福音を告げ知らせようと、わたしは熱心に努めてきました。それは、他人の築いた土台の上に建てたりしないためです。

21 「彼のことを告げられていなかった人々が見、聞かなかった人々が悟るであろう」と書いてあるとおりです。

1) 또는 채웠노라　ㅂ) 사 52:5

15 But I have spoken to you plainly and
have tried to remind you of some
things. God was so kind to me!

dàn wǒ gèng dà dǎn xiě xìn gěi nǐ men shì yào zài yì xiē
15 但我更大胆写信给你们，是要在一些
shì shàng tí xǐng nǐ men wǒ yīn shàng dì suǒ cì wǒ de
事上提醒你们，我因上帝所赐我的
ēn
恩，

16 He chose me to be a servant of Christ
Jesus for the Gentiles and to do the
work of a priest in the service of his
good news. God did this so that the
Holy Spirit could make the Gentiles
into a holy offering, pleasing to him.

shǐ wǒ wèi wài bāng rén zuò jī dū yē sū de pú yì zuò
16 使我为外邦人作基督耶稣的仆役，作
shàng dì fú yīn de jì sī shǐ suǒ xiàn shàng de wài bāng rén
上帝福音的祭司，使所献上的外邦人
yīn zhe shèng líng chéng wéi shèng jié kě méng yuè nà
因着圣灵成为圣洁，可蒙悦纳。

17 Because of Christ Jesus, I can take
pride in my service for God.

suǒ yǐ yǒu guān shàng dì miàn qián de shì fèng wǒ zài jī
17 所以，有关上帝面前的事奉，我在基
dū yē sū lǐ shì yǒu kě kuā de
督耶稣里是有可夸的。

18 In fact, all I will talk about is how
Christ let me speak and work, so
that the Gentiles would obey him.

19 Indeed, I will tell how Christ worked
miracles and wonders by the power
of the Holy Spirit. I have preached
the good news about him all the
way from Jerusalem to Illyricum.

chú le jī dū jiè wǒ zuò de nà xiē shì wǒ shén me dōu
18~19 除了基督借我做的那些事，我什么都
bù gǎn tí zhǐ tí tā jiè wǒ de yán yǔ zuò wéi yòng
不敢提，只提他借我的言语作为，用
shén jì qí shì de néng lì bìng shàng dì de líng de néng
神迹奇事的能力，并上帝的灵的能
lì shǐ wài bāng rén shùn fú shèn zhì wǒ cóng yē
力，使外邦人顺服；甚至我从耶
lù sā lěng zhí zhuǎn dào yǐ lì lǐ gǔ dào chù chuán le
路撒冷，直转到以利哩古，到处传了
jī dū de fú yīn
基督的福音。

20 But I have always tried to preach
where people have never heard about
Christ. I am like a builder who doesn't
build on anyone else's foundation.

zhè yàng wǒ lì le zhì xiàng bú zài jī dū de míng yǐ
20 这样，我立了志向，不在基督的名已
jīng zhuàn yáng guò de dì fang chuán fú yīn miǎn dé jiàn zào zài
经传扬过的地方传福音，免得建造在
bié rén de gēn jī shàng
别人的根基上；

21 It is just as the Scriptures say, "All
who haven't been told about him
will see him, and those who haven't
heard about him will understand."

què rú jīng shàng suǒ jì wèi céng ěr wén tā de jiāng yào
21 却如经上所记：未曾耳闻他的，将要
kàn jiàn wèi céng tīng jiàn de jiāng yào míng bai
看见；未曾听见的，将要明白。

## 바울의 로마 방문 계획

22 그러므로 또한 내가 너희에게 가려 하던 것이 여러 번 막혔더니

23 이제는 이 지방에 일할 곳이 없고 또 여러 해 전부터 언제든지 서바나로 갈 때에 너희에게 가기를 바라고 있었으니

24 이는 지나가는 길에 너희를 보고 먼저 너희와 사귐으로 얼마간 기쁨을 가진 후에 너희가 그리로 보내주기를 바람이라

25 그러나 이제는 내가 성도를 섬기는 일로 예루살렘에 가노니

26 이는 마게도냐와 아가야 사람들이 예루살렘 성도 중 가난한 자들을 위하여 기쁘게 얼마를 연보하였음이라

27 저희가 기뻐서 하였거니와 또한 저희는 그들에게 빚진 자니 만일 이방인들이 그들의 영적인 [2]것을 나눠 가졌으면 육적인 것으로 그들을 섬기는 것이 마땅하니라

28 그러므로 내가 이 일을 마치고 이 열매를 그들에게 [3]확증한 후에 너희에게 들렀다가 서바나로 가리라

29 내가 너희에게 나아갈 때에 그리스도의 충만한 복을 가지고 갈 줄을 아노라

## ローマ訪問の計画

22 こういうわけで、あなたがたのところに何度も行こうと思いながら、妨げられてきました。

23 しかし今は、もうこの地方に働く場所がなく、その上、何年も前からあなたがたのところに行きたいと切望していたので、

24 イスパニアに行くとき、訪ねたいと思います。途中であなたがたに会い、まず、しばらくの間でも、あなたがたと共にいる喜びを味わってから、イスパニアへ向けて送り出してもらいたいのです。

25 しかし今は、聖なる者たちに仕えるためにエルサレムへ行きます。

26 マケドニア州とアカイア州の人々が、エルサレムの聖なる者たちの中の貧しい人々を援助することに喜んで同意したからです。

27 彼らは喜んで同意しましたが、実はそうする義務もあるのです。異邦人はその人たちの霊的なものにあずかったのですから、肉のもので彼らを助ける義務があります。

28 それで、わたしはこのことを済ませてから、つまり、募金の成果を確実に手渡した後、あなたがたのところを経てイスパニアに行きます。

29 そのときには、キリストの祝福をあふれるほど持って、あなたがたのところに行くことになると思っています。

2) 또는 것으로 동정을 받았으면
3) 헬, 인친 후에

## Paul's Plan To Visit Rome

22 My work has always kept me from coming to see you.

23 Now there is nothing left for me to do in this part of the world, and for years I have wanted to visit you.

24 So I plan to stop off on my way to Spain. Then after a short, but refreshing, visit with you, I hope you will quickly send me on.

25
~
26 I am now on my way to Jerusalem to deliver the money that the Lord's followers in Macedonia and Achaia collected for God's needy people.

27 This is something they really wanted to do. But sharing their money with the Jews was also like paying back a debt, because the Jews had already shared their spiritual blessings with the Gentiles.

28 After I have safely delivered this money, I will visit you and then go on to Spain.

29 And when I do arrive in Rome, I know it will be with the full blessings of Christ.

bǎo luó jì huà fǎng wèn luó mǎ
## 保罗计划访问罗马

yīn cǐ wǒ duō cì bèi lán zǔ bù néng dào nǐ men nà lǐ
22 因此我多次被拦阻，不能到你们那里
qù
去。

dàn rú jīn zài zhè yí dài zài méi yǒu kě chuán de dì
23 但如今，在这一带再没有可传的地
fang ér qiě zhè xǔ duō nián lái wǒ pò qiè xiǎng qù nǐ
方，而且这许多年来，我迫切想去你
men nà lǐ
们那里，

pàn wàng dào xī bān yá qù de shí hou jīng guò dé jiàn nǐ
24 盼望到西班牙去的时候经过，得见你
men xiān yǔ nǐ men bǐ cǐ jiāo wǎng xīn lǐ shāo dé mǎn
们，先与你们彼此交往，心里稍得满
zú rán hòu méng nǐ men wèi wǒ sòng xíng
足，然后蒙你们为我送行。

dàn rú jīn wǒ yào dào yē lù sā lěng qù gōng yìng shèng tú
25 但如今我要到耶路撒冷去，供应圣徒
de xū yào
的需要。

yīn wèi mǎ qí dùn hé yà gāi yà rén lè yì còu chū yì xiē juān
26 因为马其顿和亚该亚人乐意凑出一些捐
kuǎn gěi yē lù sā lěng shèng tú zhōng de qióng rén
款给耶路撒冷圣徒中的穷人。

zhè gù rán shì tā men lè yì de qí shí yě suàn shì suǒ
27 这固然是他们乐意的，其实也算是所
qiàn de zhài yīn wèi wài bāng rén jì rán fēn xiǎng le tā men
欠的债；因为外邦人既然分享了他们
líng xìng shàng de hǎo chu jiù dāng bǎ ròu tǐ shàng de xū yòng
灵性上的好处，就当把肉体上的需用
gōng jǐ tā men
供给他们。

děng wǒ bàn wán le zhè shì bǎ zhè bǐ juān kuǎn jiāo fù gěi
28 等我办完了这事，把这笔捐款交付给
tā men wǒ jiù yào lù guò nǐ men nà lǐ dào xī bān yá
他们，我就要路过你们那里，到西班牙
qù
去。

wǒ yě zhī dào qù nǐ men nà lǐ de shí hou wǒ jiāng dài
29 我也知道去你们那里的时候，我将带
zhe jī dū fēng shèng de ēn diǎn qù
着基督丰盛的恩典去。

30 형제들아 내가 우리 주 예수 그리스도와
성령의 사랑으로 말미암아 너희를
권하노니 너희 기도에 나와 힘을 같이하여
나를 위하여 하나님께 빌어

31 나로 유대에서 순종하지 아니하는
자들로부터 건짐을 받게 하고 또
예루살렘에 대하여 내가 섬기는 일을
성도들이 받을 만하게 하고

32 나로 하나님의 뜻을 따라 기쁨으로
너희에게 나아가 너희와 함께 편히 쉬게
하라

33 평강의 하나님께서 너희 모든 사람과 함께
계실지어다 아멘

30 兄弟たち、わたしたちの主イエス・キリ
ストによって、また、"霊"が与えてくださ
る愛によってお願いします。どうか、わ
たしのために、わたしと一緒に神に熱心
に祈ってください、

31 わたしがユダヤにいる不信の者たちから
守られ、エルサレムに対するわたしの奉
仕が聖なる者たちに歓迎されるように、

32 こうして、神の御心によって喜びのうち
にそちらへ行き、あなたがたのもとで憩
うことができるように。

33 平和の源である神があなたがた一同と共
におられるように、アーメン。

30 My friends, by the power of the Lord Jesus Christ and by the love that comes from the Holy Spirit, I beg you to pray sincerely with me and for me.

31 Pray that God will protect me from the unbelievers in Judea, and that his people in Jerusalem will be pleased with what I am doing.

32 Ask God to let me come to you and have a pleasant and refreshing visit.

33 I pray that God, who gives peace, will be with all of you. Amen.

dì xiongmen wǒ jiè zhe wǒ men de zhǔ yē sū jī dū
30 弟兄们，我借着我们的主耶稣基督，
yòu jiè zhe shèng líng de ài quàn nǐ men yǔ wǒ yì tóng jié
又借着圣灵的爱，劝你们与我一同竭
lì wèi wǒ qí qiú shàng dì
力为我祈求上帝，

shǐ wǒ tuō lí zài yóu tài bú shùncóng de rén yě ràng wǒ
31 使我脱离在犹太不顺从的人，也让我
zài yē lù sā lěng de shì fèng kě méngshèng tú yuè nà
在耶路撒冷的事奉可蒙圣徒悦纳，

bìng shǐ wǒ zhào zhe shàng dì de zhǐ yì huānhuān xǐ xǐ dì dào
32 并使我照着上帝的旨意欢欢喜喜地到
nǐ men nà lǐ yǔ nǐ mentóng dé ān xī
你们那里，与你们同得安息。

yuàn cì píng ān de shàng dì yǔ nǐ menzhòng rén tóng zài ā
33 愿赐平安的上帝与你们众人同在。阿
men
们！

# 제 16 장

### 인사

1 내가 겐그레아 교회의 [1]일꾼으로 있는
우리 자매 뵈뵈를 너희에게 추천하노니

2 너희는 주 안에서 성도들의 합당한
예절로 그를 영접하고 무엇이든지 그에게
소용되는 바를 도와 줄지니 이는 그가 여러
사람과 나의 보호자가 되었음이라

3 너희는 그리스도 예수 안에서 나의
동역자들인 브리스가와 아굴라에게
문안하라

4 그들은 내 목숨을 위하여 자기들의
목까지도 내놓았나니 나뿐 아니라
이방인의 모든 교회도 그들에게
감사하느니라

5 또 저의 집에 있는 교회에도 문안하라
내가 사랑하는 에배네도에게 문안하라
그는 아시아에서 그리스도께 처음 맺은
열매니라

6 너희를 위하여 많이 수고한 마리아에게
문안하라

7 내 친척이요 나와 함께 갇혔던
안드로니고와 유니아에게 문안하라 그들은
사도들에게 존중히 여겨지고 또한 나보다
먼저 그리스도 안에 있는 자라

8 또 주 안에서 내 사랑하는 암블리아에게
문안하라

# 第 16 章

### 個人的な挨拶

1 ケンクレアイの教会の奉仕者でもある、
わたしたちの姉妹フェベを紹介します。
2 どうか、聖なる者たちにふさわしく、ま
た、主に結ばれている者らしく彼女を迎
え入れ、あなたがたの助けを必要とする
なら、どんなことでも助けてあげてくだ
さい。彼女は多くの人々の援助者、特に
わたしの援助者です。
3 キリスト・イエスに結ばれてわたしの協
力者となっている、プリスカとアキラに
よろしく。
4 命がけでわたしの命を守ってくれたこの
人たちに、わたしだけでなく、異邦人の
すべての教会が感謝しています。
5 また、彼らの家に集まる教会の人々にも
よろしく伝えてください。わたしの愛す
るエパイネトによろしく。彼はアジア州
でキリストに献げられた初穂です。
6 あなたがたのために非常に苦労したマリ
アによろしく。
7 わたしの同胞で、一緒に捕らわれの身と
なったことのある、アンドロニコとユニ
アスによろしく。この二人は使徒たちの
中で目立っており、わたしより前にキリ
ストを信じる者になりました。
8 主に結ばれている愛するアンプリアトに
よろしく。

1) 또는 집사

# Chapter 16

### Personal Greetings

1 I have good things to say about
Phoebe, who is a leader in
the church at Cenchreae.

2 Welcome her in a way that is proper
for someone who has faith in the
Lord and is one of God's own people.
Help her in any way you can. After
all, she has proved to be a respected
leader for many others, including me.

3 Give my greetings to Priscilla and
Aquila. They have not only served
Christ Jesus together with me,

4 but they have even risked their lives
for me. I am grateful for them and
so are all the Gentile churches.

5 Greet the church that meets in their
home.
Greet my dear friend Epaenetus,
who was the first person in
Asia to have faith in Christ.

6 Greet Mary, who has worked
so hard for you.

7 Greet my relatives [x] Andronicus
and Junias, [y] who were in jail with
me. They are highly respected by
the apostles and were followers
of Christ before I was.

8 Greet Ampliatus, my dear friend
whose faith is in the Lord.

dì shíliù zhāng
# 第 16 章

wèn ān
### 问安

wǒ duì nǐ men tuī jiàn wǒ men de zǐ mèi fēi bǐ tā shì jiān
1 我对你们推荐我们的姊妹非比，她是坚
gé lǐ jiào huì zhōng dì zhí shì
革哩教会中的执事。

qǐng nǐ men zài zhǔ lǐ yòng hé hū shèng tú de fāng shì lái jiē
2 请你们在主里用合乎圣徒的方式来接
dài tā tā zài rèn hé shì shàng xū yào nǐ men bāng zhù
待她。她在任何事上需要你们帮助，
nǐ men jiù bāng zhù tā yīn tā sù lái bāng zhù xǔ duō
你们就帮助她；因她素来帮助许多
rén yě bāng zhù le wǒ
人，也帮助了我。

qǐng xiàng bǎi jī lā hé yà jū lā wèn ān tā men zài jī
3 请向百基拉和亚居拉问安。他们在基
dū yē sū lǐ zuò wǒ de tóng gōng
督耶稣里作我的同工，

yě wèi wǒ de xìng mìng bǎ zì jǐ de shēng sǐ zhì zhī dù
4 也为我的性命把自己的生死置之度
wài bú dàn wǒ gǎn xiè tā men jiù shì wài bāng de zhòng
外；不但我感谢他们，就是外邦的众
jiào huì yě gǎn xiè tā men
教会也感谢他们。

yòu xiàng zài tā men jiā zhōng de jiào huì wèn ān xiàng wǒ suǒ
5 又向在他们家中的教会问安。向我所
qīn ài de yǐ bài ní tǔ wèn ān tā shì yà xì yà guī yú
亲爱的以拜尼土问安，他是亚细亚归于
jī dū de chū jié guǒ zi
基督的初结果子。

yòu xiàng mǎ lì yà wèn ān tā wèi nǐ men fēi cháng xīn
7 又向马利亚问安，她为你们非常辛
láo yòu xiàng yǔ wǒ yì tóng zuò jiān de qīn qi ān duō ní
劳。又向与我一同坐监的亲戚安多尼
gǔ hé yóu ní yà wèn ān tā men zài shǐ tú zhōng shì yǒu
古和犹尼亚问安，他们在使徒中是有
míng wàng de yě shì bǐ wǒ xiān zài jī dū lǐ de
名望的，也是比我先在基督里的。

yòu xiàng wǒ zài zhǔ lǐ miàn suǒ qīn ài de àn bó lì wèn
8 又向我在主里面所亲爱的暗伯利问
ān
安。

x) relatives: Or "Jewish friends."
y) Junias: Or Junia. Some manuscripts have Julia.

9 그리스도 안에서 우리의 동역자인
우르바노와 나의 사랑하는 스다구에게
문안하라

10 그리스도 안에서 인정함을 받은
아벨레에게 문안하라 아리스도불로의
권속에게 문안하라

11 내 친척 헤로디온에게 문안하라 나깃수의
가족 중 주 안에 있는 자들에게 문안하라

12 주 안에서 수고한 드루배나와
드루보사에게 문안하라 주 안에서 많이
수고하고 사랑하는 버시에게 문안하라

13 주 안에서 택하심을 입은 루포와 그의
어머니에게 문안하라 그의 어머니는 곧 내
어머니니라

14 아순그리도와 블레곤과 허메와 바드로바와
허마와 및 그들과 함께 있는 형제들에게
문안하라

15 빌롤로고와 율리아와 또 네레오와 그의
자매와 올름바와 그들과 함께 있는 모든
성도에게 문안하라

16 너희가 거룩하게 입맞춤으로 서로
문안하라 그리스도의 모든 교회가 다
너희에게 문안하느니라

17 형제들아 내가 너희를 권하노니 너희가
배운 교훈을 거슬러 분쟁을 일으키거나
거치게 하는 자들을 살피고 그들에게서
떠나라

9 わたしたちの協力者としてキリストに仕
えているウルバノ、および、わたしの愛
するスタキスによろしく。

10 真のキリスト信者アペレによろしく。ア
リストブロ家の人々によろしく。

11 わたしの同胞ヘロディオンによろしく。
ナルキソ家の中で主を信じている人々に
よろしく。

12 主のために苦労して働いているトリファ
イナとトリフォサによろしく。主のため
に非常に苦労した愛するペルシスによろ
しく。

13 主に結ばれている選ばれた者ルフォス、
およびその母によろしく。彼女はわたし
にとっても母なのです。

14 アシンクリト、フレゴン、ヘルメス、パ
トロバ、ヘルマス、および彼らと一緒に
いる兄弟たちによろしく。

15 フィロロゴとユリアに、ネレウスとその
姉妹、またオリンパ、そして彼らと一緒
にいる聖なる者たち一同によろしく。

16 あなたがたも、聖なる口づけによって互
いに挨拶を交わしなさい。キリストのす
べての教会があなたがたによろしくと言
っています。

17 兄弟たち、あなたがたに勧めます。あな
たがたの学んだ教えに反して、不和やつ
まずきをもたらす人々を警戒しなさい。
彼らから遠ざかりなさい。

9 Greet Urbanus, who serves Christ along with us.
Greet my dear friend Stachys.

10 Greet Apelles, a faithful servant of Christ.
Greet Aristobulus and his family.

11 Greet Herodion, who is a relative [z)] of mine.
Greet Narcissus and the others in his family, who have faith in the Lord.

12 Greet Tryphaena and Tryphosa, who work hard for the Lord.

Greet my dear friend Persis. She also works hard for the Lord.

13 Greet Rufus, that special servant of the Lord, and greet his mother, who has been like a mother to me.

14 Greet Asyncritus, Phlegon, Hermes, Patrobas, and Hermas, as well as our friends who are with them.

15 Greet Philologus, Julia, Nereus and his sister, and Olympas, and all of God's people who are with them.

16 Be sure to give each other a warm greeting.
All of Christ's churches greet you.

17 My friends, I beg you to watch out for anyone who causes trouble and divides the church by refusing to do what all of you were taught. Stay away from them!

yòu xiàng wǒ men zài jī dū lǐ de tóng gōng ěr bā nú hé wǒ
9 又向我们在基督里的同工耳巴奴和我
suǒ qīn ài de shì dà gǔ wèn ān
所亲爱的士大古问安。

yòu xiàng zài jī dū lǐ jīng guò kǎo yàn de yà bǐ lì wèn
10 又向在基督里经过考验的亚比利问
ān xiàng yà lì duō bù jiā lǐ de rén wèn ān
安。向亚利多布家里的人问安。

yòu xiàng wǒ qīn qi xī luó tiān wèn ān xiàng ná qí shù jiā
11 又向我亲戚希罗天问安。向拿其数家
zài zhǔ lǐ de rén wèn ān
在主里的人问安。

yòu xiàng wèi zhǔ xīn láo de tǔ fēi ná hé tǔ fù sā wèn
12 又向为主辛劳的土非拿和土富撒问
ān xiàng suǒ qīn ài wèi zhǔ fēi cháng xīn láo de bǐ xī
安。向所亲爱、为主非常辛劳的彼息
wèn ān
问安。

yòu xiàng zài zhǔ lǐ méng jiǎn xuǎn de lǔ fú hé tā mǔ qīn wèn
13 又向在主里蒙拣选的鲁孚和他母亲问
ān tā de mǔ qīn jiù shì wǒ de mǔ qīn
安，他的母亲就是我的母亲。

yòu xiàng yà xùn qí tǔ fú lè gān hēi mǐ bā luó
14 又向亚逊其土、弗勒干、黑米、八罗
bā hēi mǎ hé gēn tā men zài yì qǐ de dì xiong men
巴、黑马，和跟他们在一起的弟兄们
wèn ān
问安。

yòu xiàng fēi luó luó gǔ hé yóu lì yà ní lì yà hé tā
15 又向非罗罗古和犹利亚，尼利亚和他
zǐ mèi ā lín lín hé gēn tā men zài yì qǐ de zhòng
姊妹，阿林巴，和跟他们在一起的众
shèng tú wèn ān
圣徒问安。

nǐ men yào yǐ shèng jié de wěn bǐ cǐ wèn ān jī dū de
16 你们要以圣洁的吻彼此问安。基督的
zhòng jiào huì dōu xiàng nǐ men wèn ān
众教会都向你们问安！

dì xiong men nà xiē lí jiàn nǐ men shǐ nǐ men diē
17 弟兄们，那些离间你们、使你们跌
dǎo wéi bèi suǒ xué zhī dào de rén wǒ quàn nǐ men yào
倒、违背所学之道的人，我劝你们要
liú yì duǒ bì tā men
留意躲避他们。

z) relative(s): See the note at verse 7.

18 이같은 자들은 우리 주 그리스도를 섬기지
아니하고 다만 자기들의 배만 섬기나니
교활한 말과 아첨하는 말로 순진한 자들의
마음을 미혹하느니라

19 너희의 순종함이 모든 사람에게
들리는지라 그러므로 내가 너희로
말미암아 기뻐하노니 너희가 선한 데
지혜롭고 악한 데 미련하기를 원하노라

20 평강의 하나님께서 속히 사탄을 너희 발
아래에서 상하게 하시리라
우리 주 예수의 은혜가 너희에게
있을지어다

**문안과 찬양**

21 나의 동역자 디모데와 나의 친척 누기오와
야손과 소시바더가 너희에게 문안하느니라

22 이 편지를 기록하는 나 더디오도 주 안에서
너희에게 문안하노라

23 나와 온 교회를 돌보아 주는 가이오도
너희에게 문안하고 이 성의 [2]재무관
에라스도와 형제 구아도도 너희에게
문안하느니라

24 [3](없음)

18 こういう人々は、わたしたちの主である
キリストに仕えないで、自分の腹に仕え
ている。そして、うまい言葉やへつらい
の言葉によって純朴な人々の心を欺いて
いるのです。

19 あなたがたの従順は皆に知られていま
す。だから、わたしはあなたがたのこと
を喜んでいます。なおその上、善にさと
く、悪には疎くあることを望みます。

20 平和の源である神は間もなく、サタンを
あなたがたの足の下で打ち砕かれるでし
ょう。わたしたちの主イエスの恵みが、
あなたがたと共にあるように。

21 わたしの協力者テモテ、また同胞のルキ
オ、ヤソン、ソシパトロがあなたがたに
よろしくと言っています。

22 この手紙を筆記したわたしテルティオ
が、キリストに結ばれている者として、
あなたがたに挨拶いたします。

23 わたしとこちらの教会全体が世話になっ
ている家の主人ガイオが、よろしくとの
ことです。市の経理係エラストと兄弟の
クアルトが、よろしくと言っています。

24 わたしたちの主イエス・キリストの恵み
が、あなたがた一同と共にあるように。

2) 헬, 청지기
3) 어떤 사본에, 24절 '우리 주 예수 그리스도의 은혜가 너희 모든 이에게 있을지어다 아멘'이 있음

18 They want to serve themselves
and not Christ the Lord. Their
flattery and fancy talk fool people
who don't know any better.

19 I am glad that everyone knows how
well you obey the Lord. But still, I
want you to understand what is good
and not have anything to do with evil.

20 Then God, who gives peace, will soon
crush Satan under your feet. I pray
that our Lord Jesus will be kind to you.

21 Timothy, who works with me, sends
his greetings, and so do my relatives,
[z] Lucius, Jason, and Sosipater.

22 I, Tertius, also send my greetings.
I am a follower of the Lord, and I
wrote this letter. [a]

23
~
24 Gaius welcomes me and the
whole church into his home, and
he sends his greetings. Erastus, the
city treasurer, and our dear friend
Quartus send their greetings too. [b]

yīn wèi zhè yàng de rén bù fú shì wǒ men de zhǔ jī dū
18 因为这样的人不服侍我们的主基督，
zhǐ fú shì zì jǐ de dù fù yòng huā yán qiǎo yǔ yòu huò lǎo
只服侍自己的肚腹，用花言巧语诱惑老
shí rén de xīn
实人的心。

nǐ men de shùn fú yǐ jīng chuán yú zhòng rén suǒ yǐ wǒ wèi
19 你们的顺服已经传于众人，所以我为
nǐ men huān xǐ dàn wǒ yuàn nǐ men zài shàn shàng cōng míng
你们欢喜；但我愿你们在善上聪明，
zài è shàng yú zhuō
在恶上愚拙。

nà cì píng ān de shàng dì kuài yào bǎ sā dàn jiàn tà zài nǐ
20 那赐平安的上帝快要把撒但践踏在你
men jiǎo xià yuàn wǒ men zhǔ yē sū jī dū de ēn yǔ nǐ men
们脚下。愿我们主耶稣基督的恩与你们
tóng zài
同在！

wǒ de tóng gōng tí mó tài hé wǒ de qīn qi lù qiú
21 我的同工提摩太，和我的亲戚路求、
yē sūn suǒ xī bā dé xiàng nǐ men wèn ān
耶孙、所西巴德，向你们问安。

wǒ zhè dài bǐ xiě xìn de dé tí zài zhǔ lǐ xiàng nǐ men
22 我这代笔写信的德提，在主里向你们
wèn ān
问安。

nà jiē dài wǒ yě jiē dài quán jiào huì de gāi yóu xiàng
23 那接待我，也接待全教会的该犹，向
nǐ men wèn ān
你们问安。

chéng lǐ de cái wù guān yǐ lā dū hé dì xiong kuò tǔ xiàng nǐ
24 城里的财务官以拉都和弟兄括土向你
men wèn ān
们问安。

z) relative(s): See the note at verse 7.
a) I wrote this letter: Paul probably dictated this letter to Tertius.
b) send their greetings too: Some manuscripts add, "I pray that our Lord Jesus Christ will always be kind to you. Amen."

25 나의 복음과 예수 그리스도를 전파함은
영세 전부터 감추어졌다가

26 이제는 나타내신 바 되었으며 영원하신
하나님의 명을 따라 선지자들의 글로
말미암아 모든 민족이 믿어 순종하게
하시려고 알게 하신 바 그 신비의 계시를
따라 된 것이니 이 복음으로 너희를 능히
견고하게 하실

27 지혜로우신 하나님께 예수 그리스도로
말미암아 영광이 세세무궁하도록
있을지어다 아멘

**神への賛美**

25 神は、わたしの福音すなわちイエス・キ
リストについての宣教によって、あなた
がたを強めることがおできになります。
この福音は、世々にわたって隠されてい
た、秘められた計画を啓示するもので
す。

26 その計画は今や現されて、永遠の神の命
令のままに、預言者たちの書き物を通し
て、信仰による従順に導くため、すべて
の異邦人に知られるようになりました。

27 この知恵ある唯一の神に、イエス・キリ
ストを通して栄光が世々限りなくありま
すように、アーメン。

1) 또는 믿음으로 서 있는 이 은혜에 들어감을 우리로 얻게 하신 우리 주 예수 그리스도로 말미암아 하나님으로 더불어 화평을 누리며 또한 하나님의 영광을 바라고 즐거워하자
2) 또는 화평이 있고

## Paul's Closing Prayer

25 Praise God! He can make you strong
by means of my good news, which
is the message about [c)] Jesus Christ.
For ages and ages this message was
kept secret,

26 but now at last it has been told. The
eternal God commanded his prophets
to write about the good news, so that
all nations would obey and have faith.

27 And now, because of Jesus Christ,
we can praise the only wise God
forever! Amen. [d)]

sòng zàn
## 颂赞

wéi yǒu shàng dì néng zhào wǒ suǒ chuán de fú yīn hé suǒ jiǎng
25 惟有上帝能照我所传的福音和所讲
de yē sū jī dū bìng zhào lì dài yǐ lái yǐn cáng de ào
的耶稣基督，并照历代以来隐藏的奥
mì de qǐ shì jiān gù nǐ men
秘的启示，坚固你们。

zhè ào mì rú jīn xiǎn shì chū lái ér qiě àn zhe yǒng shēng
26 这奥秘如今显示出来，而且按着永生
shàng dì de mìng lìng jiè zhòng xiān zhī de shū zhǐ shì wàn
上帝的命令，借众先知的书指示万
mín shǐ tā men yīn xìn ér shùn fú
民，使他们因信而顺服。

yuàn róng yào jiè zhe yē sū jī dū guī gěi dú yī quán
27 愿荣耀，借着耶稣基督，归给独一全
zhì de shàng dì zhí dào yǒng yuǎn ā men
智的上帝，直到永远。阿们！

c) about: Or "from."
d) Amen: Some manuscripts have verses 25-27 after 14.23. Others have the verses here and after 14.23, and one manuscript has them after 15.33.

# 십계명

**제일은,** 너는 나 외에는 다른 신들을 네게 두지 말라
**제이는,** 너를 위하여 새긴 우상을 만들지 말고
또 위로 하늘에 있는 것이나 아래로 땅에 있는 것이나
땅 아래 물속에 있는 것의 어떤 형상도 만들지 말며
그것들에게 절하지 말며, 그것들을 섬기지 말라
**제삼은,** 너는 네 하나님 여호와의 이름을 망령되게 부르지 말라
**제사는,** 안식일을 기억하여 거룩하게 지키라
**제오는,** 네 부모를 공경하라
**제육은,** 살인하지 말라
**제칠은,** 간음하지 말라
**제팔은,** 도둑질하지 말라
**제구는,** 네 이웃에 대하여 거짓 증거하지 말라
**제십은,** 네 이웃의 집을 탐내지 말라

# The Ten Commandments

Do not worship any god except me.
Do not make idols that look like anything
in the sky or on earth or in the ocean under the earth.
Don't bow down and worship idols.
Do not misuse my name.
Remember that the Sabbath Day belongs to me.
Respect your father and your mother,
and you will live a long time in the land I am giving you.
Do not murder.
Be faithful in marriage.
Do not steal.
Do not tell lies about others.
Do not want anything that belongs to someone else.

chuán shí jiè
# 传 十诫

dì yī chú le wǒ yǐ wài nǐ bù kě yǒu bié de shén
第一,除了我以外你不可有别的神。

dì èr bù kě wéi zì jǐ diāo kè ǒu xiàng yě bù kě zuò shén me xíngxiàng fǎng fú shàng tiān xià dì
第二,不可为自己雕刻偶像,也不可作什么形像,仿佛上天,下地,

hé dì dǐ xià shuǐzhōng de bǎi wù bù kě guì bài nà xiē xiàng yě bù kě shì fèng tā
和地底下水中的百物不可跪拜那些像,也不可侍奉他。

dì sān bù kě wàngchēng yē hé huá nǐ shén de míng
第三,不可妄称耶和华－你神的名。

dì sì dāng jì niàn ān xī rì shǒu wéi shèng rì
第四,当记念安息日,守为圣日。

dì wǔ dāngxiào jìng fù mǔ
第五,当孝敬父母。

dì liù bù kě shā rén
第六,不可杀人。

dì qī bù kě jiān yín
第七,不可奸淫。

dì bā bù kě tōu dào
第八,不可偷盗。

dì jiǔ bù kě zuò jiǎ jiànzhèngxiàn hài rén
第九,不可作假见证陷害人。

dì shí bù kě tān liàn rén de fáng wū
第十,不可贪恋人的房屋。

# 十戒(じゅっかい)

あなたには、わたしをおいてほかに神(かみ)があってはならない。

あなたはいかなる像(ぞう)も造(つく)ってはならない。

あなたの神(かみ)、主(しゅ)の名(な)をみだりに唱(とな)えてはならない。

安息日(あんそくにち)を心(こころ)に留(と)め、これを聖別(せいべつ)せよ。

あなたの父母(ふぼ)を敬(うやま)え。

殺(ころ)してはならない。

姦淫(かんいん)してはならない。

盗(ぬす)んではならない。

隣人(りんじん)に関(かん)して偽証(ぎしょう)してはならない。

隣人(りんじん)のものを一切欲(いっさいほっ)してはならない。

# 救援 구원

1판 1쇄 발행 | 2009년 7월 20일
1판 7쇄 발행 | 2018년 4월 25일
발행처 | ㈜대성 JCR
발행인 | 김정주

등록번호 | 제300-2003-82호
등록일자 | 2003년 5월 6일

서울시 용산구 후암로 57길 57 (동자동) ㈜대성
대표전화 | (02)6959-3140
팩스 | (02)6959-3144
**email** daesungbooks@korea.com

공급처 | 생명의말씀사 전화(02)3159-7979 팩스 080-022-8585

*The Salvation*

JCR, DAESUNG CO., LTD.
57, Huam-ro 57-gil,
Yongsan-gu, Seoul, KOREA (04324)
Tel +82 2 6959 3140 Fax +82 2 6959 3144
**email** daesungbooks@korea.com

ISBN 978-89-92758-50-5 (03230)

이 책의 가격은 뒤표지에 있습니다.



Printed in Korea.

이 도서의 국립중앙도서관 출판시도서목록(CIP)은 e-CIP
홈페이지(http://www.nl.go.kr/ecip)에서 이용하실 수 있습니다.
(CIP제어번호: CIP2009001870)